運気を金《GOLD》にする

幸せ上手さん
習慣
GOLD
★★★

天星術占い師
星ひとみ

小学館

幸せ上手さんって こんな人

大きな夢、小さな夢がある

「ながら食い」はしない

自宅がパワースポット

日光浴をする

フルーツが好き

グチも言い訳もなし

どんなに忙しくても
「忙しい」と
言わない

季節の行事に
ときめく

「でも」「だって」を
言わない

「さすが」「すごい」
「素敵」が口癖

「私、運が良い」も
口癖

新しい「好き」を
習慣にできる

床にバッグを
置かない

勝負下着が
ある

だから幸せ上手さんは運気が金!!
詳しくは次のページから

はじめに

こんにちは、星ひとみです。
たまたま目にして手に取っていただいた方、
星ひとみの新刊をお待ちいただいた方、
そして『幸せ上手さん習慣２』を楽しみにしていただいた方、
さまざまな〝選択〟の中から、
『運気を金にする　幸せ上手さん習慣ＧＯＬＤ』を手にしていただいたことを
とても嬉《うれ》しく思っています。

この本は私が出会った幸せ上手さんが
運気を金に導く〝コツ〟をまとめた本です。

「運気が金」とはどういうことか?

恋愛運、金運、健康運、対人運——
すべての運気において、
「金」のエネルギーに満ちている状態のこと。

つまり、スーパーラッキー状態。
何をしてもうまくいく。いつでもツイている。
そんな、羨ましいほどの〝金〟ですが、とても引きが強いので、
吉だけでなく凶も引きやすくなってしまうのです。
どういうことかというと、例えば宝くじも当たるけど、
事故に遭ったり、ケガや病気になることもある。

ただ幸せ上手さんを見ていると、吉の時に同時に凶を引く可能性があるのに、
いつも人生がうまく運んでいるように見える。
吉の時だからこそ凶を引かないように気を付けることができるからです。

どうしたらそうできるのか？

ときめ気・（ときめき）
元気・
人の気・

幸せ上手さんは、この3つの「気」を大切にしています。

ときめきは「磨く」。
元気は「整える」。
ピカピカに磨かれ整えられた気が、
人の気を巡って「運気を金にする」――

ときめいて元気になって、元気になってときめく。
そうして人が集まって、人の気が縁をつなげ、
さらなるときめきや、元気をもたらしながら円となり、運気が巡っていく――

今作では、そんな、運気を金に導いていく過程を
3つのSTEPにわけてお伝えします。
幸せ上手さんの習慣の中にはコツがあり、
いずれも生活にすぐに取り入れやすいものばかり。
何かひとつでも取り入れよう、取り入れたい、という思いのままに動ければ、
気付いたら幸せになっている！　ということがきっとあなたに起きるでしょう。

「変わりたい」
「もっと幸せになりたい」

そう思っていても、目まぐるしく、せわしい日常の中で、
夢やなりたい自分を一生懸命追いかけるのが難しく、
億劫《おっくう》に感じるかもしれません。

あなたなら大丈夫。
ゆっくりでいい。がんばらなくてもいいんです。
ほんのちょっとしたコツを知ればいいだけ。

運気は誰か特別な人のものではありません。
常に流れて、循環しているもの。

幸せ上手さん本人は、無自覚に行動しています。
一生懸命でも、がむしゃらでも、背伸びするわけでもない。
肩肘張らず、とても自然に、気付いたら幸せになっていく。

準備はいいですか?
それでは幸せ上手さんが運気を金にしていく習慣を
一緒にのぞいてみましょう。

目次

荷ほどき

STEP2　元気を整える

幸せ上手さんは「ゆっくり」元気を整える

朝

幸せ上手さんは「方位」で元気を整える

STEP3　人の気で運気を金にする

幸せ上手さんは「つながって」運気を金にする

贈り物

STEP 1

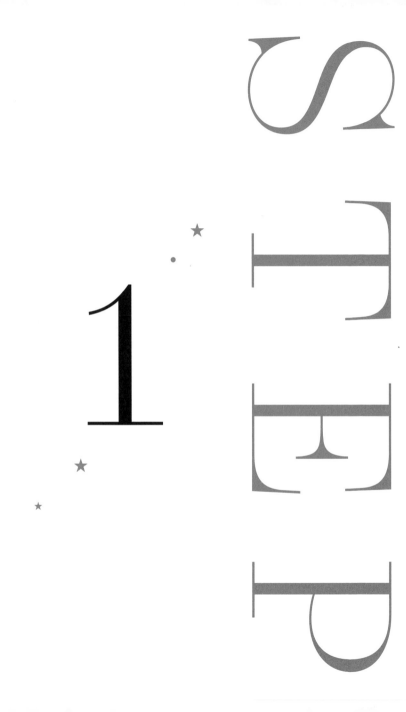

ときめきを磨く

幸せ上手さんは、いつもときめきという気であふれています。
自宅は「好き」が詰まったパワースポット。
耳より情報があれば一刻も早く駆けつける。
スマホの占いコーナーでラッキーカラーを
チェックしてお守りにしたり、
楽しいこと、ワクワクすることがないか、
終始うかがっています。
その「ときめき」という気で運気を金に導くコツが「磨く」。
特に「旅」と「お買い物」の習慣にあります――

幸せ上手さんは「旅」でときめきを磨く

電車や車で2時間くらいの日帰り。
週末に温泉やパワースポットへ。
年に1、2回の長期休暇は、
非日常の世界にたっぷり浸る——
気が巡ると運気も動くので、
旅は楽しみながら実践しやすい開運行動のひとつ。
幸せ上手さんがときめきを磨いて、
運気を金にする行程を、一緒に旅してみましょう！

準備

★マイパワースポットを調べる

例えば東京タワー。東京を代表する観光スポットとして国内外から多くの人が訪れ、古くからエネルギーが強い場所として知られています。空に向かって伸びる炎のような形は、上昇に導く、後押ししてくれる、という意味。

例えば富士山の伏流水が湧く山梨県の忍野八海《おしのはっかい》。青が印象的な場所は人生が好転するエネルギーに満ちています。ほかにも国内外、パワースポットと呼ばれる場所はたくさんありますが、幸せ上手さんの旅の目的のひとつは、休息しなが

ら、楽しみながら、パワーを充電するということ。その目的を果たすための旅先選びはしっかりします。

旅に出る時期や人によって変わる吉方位《きっぽうい》を調べつつ、**どんな運気を上げたいのか、どんな力が欲しいのかが明確であれば、〝スポット〟で選ぶのがコツ。**

恋愛運　動物園　水族館　フルーツ狩り

健康運　温泉　ハーブ園　思い出がある場所

仕事運　展望台　絶景　富士山

対人運　美術館　ホテルラウンジ　ゴルフ場

金運　滝　湧き水　松林

上昇運　城　山　高さ300m以上の建物

★あらかじめ自分の願いを書き出す

どんな自分になりたいのか、叶《かな》えたい夢は何か、現実をどう変えたいのか――強力なエネルギーで満ちているパワースポット。漠然とした気持ちで訪れるのはもったいない！　幸せ上手さんは、旅行前に、「ちょっと図々しいかな？」と思ってしまうほど、具体的な願望を書き出しておきます。

少し先のことから遠い未来のことまで、やるべきこと、そうでないことを整理整頓するのがコツ。

WISH LIST

色を巡る旅

「吉方位を調べるのが面倒」「どんなパワーが足りていないかもよくわからない」

そんな幸せ下手さんへ、ときめきを整える心理テストです。

レッド	グリーン	ホワイト
オレンジ	ブラック	ピンク
イエロー	ブルー	ブラウン

この9色を思い浮かべて、直感で気になる色を順に4つ選んでください。

4番目に選んだ色は何色ですか？

その色こそ、いまのあなたに最も必要なエネルギー。

その色にまつわるスポット、名産地などを探して訪れると、
ときめきが磨かれていきます（例えばホワイト＝雪景色、レッド＝紅葉など）。

日々の生活にファッションや食事、インテリアなどでその色を取り入れるのもオススメです。

ちなみに1番目に選んだ色は次に大切な色。

そして、直感で嫌だと思った色も心に留めておいてほしいです。

それは心の奥底で目を背けているものだから。

レッド	「人」	人間関係に不満あり。〝赤〟が人の気を呼び寄せ、縁を結ぶ。
オレンジ	「仕事」	あなたは大丈夫。〝オレンジ〟が、困難を乗り越えるパワーに。
イエロー	「健康」	心身ともに疲れ気味。〝黄色〟が元気の源に。
グリーン	「知恵」	学びを得たいのに進めない状態。〝グリーン〟が背中をプッシュ。
ブラック	「自信」	守りに入っています。〝ブラック〟が攻めの姿勢にチェンジする勇気を注入。
ブルー	「人生」	すべては何とかなる。〝ブルー〟が迷わず、あきらめず、物事が好転していく力に。
ホワイト	「浄化」	気持ちや環境をリセットしたいのでは？〝白〟で心機一転。
ピンク	「愛情」	満たされたいのかも？〝ピンク〟が癒し、優しい気持ちを運ぶ。
ブラウン	「安定」	不安が大きそう。〝ブラウン〟で豊かさと謙虚さを引き寄せる。

★歯磨き粉を持って行く

口は運気の入り口。歯をキレイにしておくことは開運行動の基本です。

幸せ上手さんは、旅先に愛用している歯磨き粉を持って行きます。宿泊先のアメニティに歯磨き粉が備え付けられていることもありますが、毎食後たっぷり使用するにはとても足りないからです。

「すっきり、気持ちいい」

その感覚こそ、ときめきが磨かれた証《あかし》。幸せ上手さんのほとんどはフッ素入りの歯磨き粉を愛用しています。歯の再石灰化を促進し、虫歯や歯周病の予防にも効果的と言われているからだそう。

余談ですが成功している人ほど、歯を大切にしていて、かかりつけの歯科医の定期検診を欠かしません。

「お金があるからでしょ？」
と思ったあなたは幸せ下手さん。

歯は金運とつながっていると考えられています。虫歯になってからでは治療の回数も重なり費用もかさんでいきます。抜歯してインプラントとなると、それこそ高額。お金だけではなく、時間も取られます。

現実的な話ばかりではありません。口元に気遣える生活をしている人は、細やかな気配りができる優しい人。周囲に人が集まり、ひいては運気がアップしていくというのは自然の摂理でもあります。

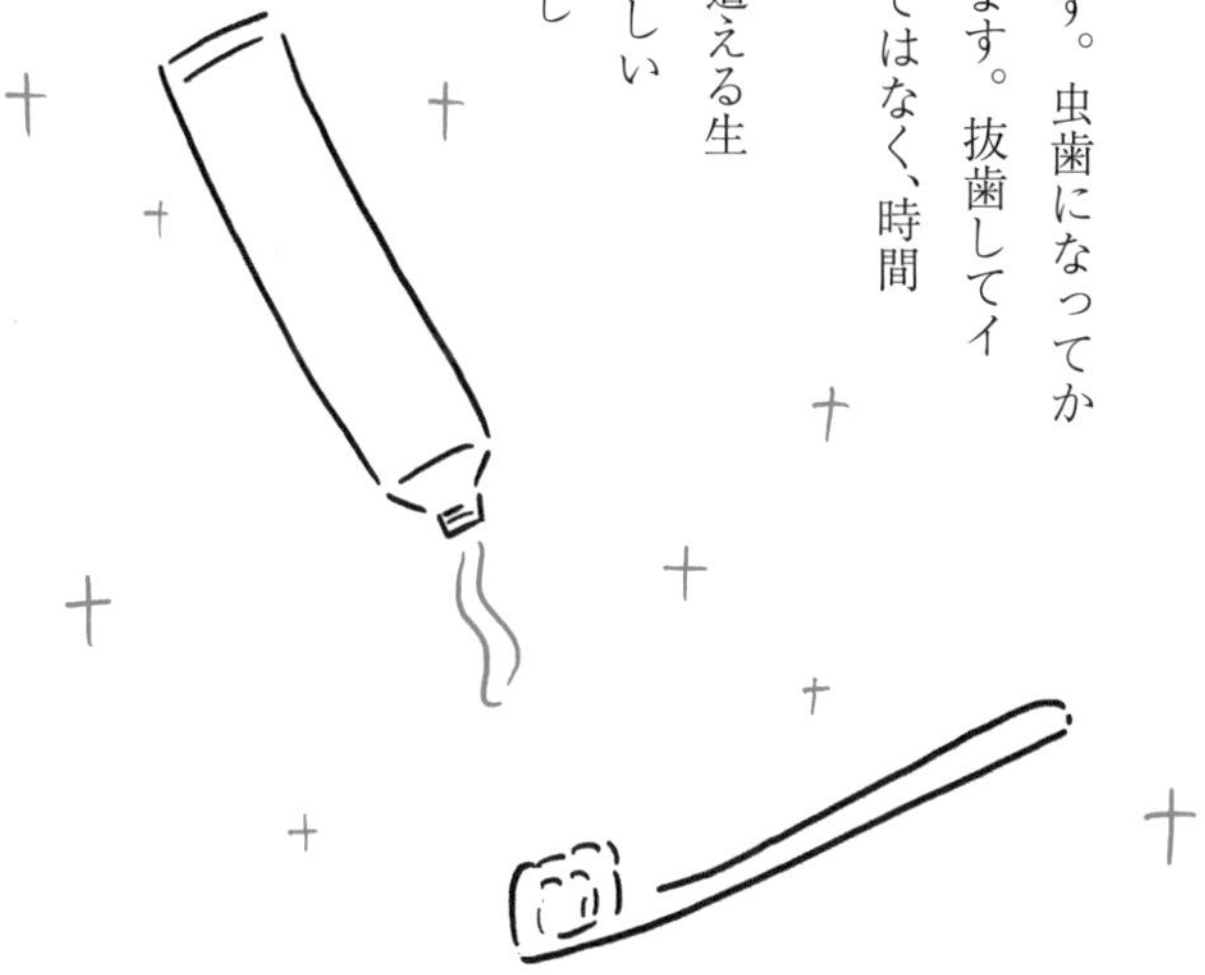

★愛用しているボールペン・万年筆を連れて行く

大切な書類にサインをしたり、心に留まったことをメモしたり――

普段から使っている筆記用具は自分の分身。

幸せ上手さんは旅先に連れて行きます。宿泊先でサインをしたり、ポストカードを書いたり、いつも通りに使います。

そうすることで筆記用具もパワーチャージ。日常生活に戻ったあと持ち歩くと、お守り代わりにもなります。

★ 塩を持ち歩く

人が集まる観光地は基本的に良い波動で満ちていますが、同様に嫉妬や恨みなど悪い気が少なからずあり、期せずして、それらを連れてきてしまうことがあります。

そんな厄《やく》は塩で祓《はら》う。小さな袋に入れて、左ポケットに入れたり、いつも持ち歩いているお守りなどに入れるのもオススメ。

★スーツケースやバッグの中身は5割〜8割に

ついつい荷物が多くなってしまう人もいるでしょう。気をつけたいのは、スーツケースやバッグをパンパンにしないこと。

幸せ上手さんは、お土産など現地で購入したものをスーツケースやバッグに入れて帰れるように調整します。

せっかくパワースポットや吉方位に行った帰りなのに、両手がふさがるなど大荷物になるとついついイライラしてしまいます。そんな悪い波動で良い気を濁らせないように。

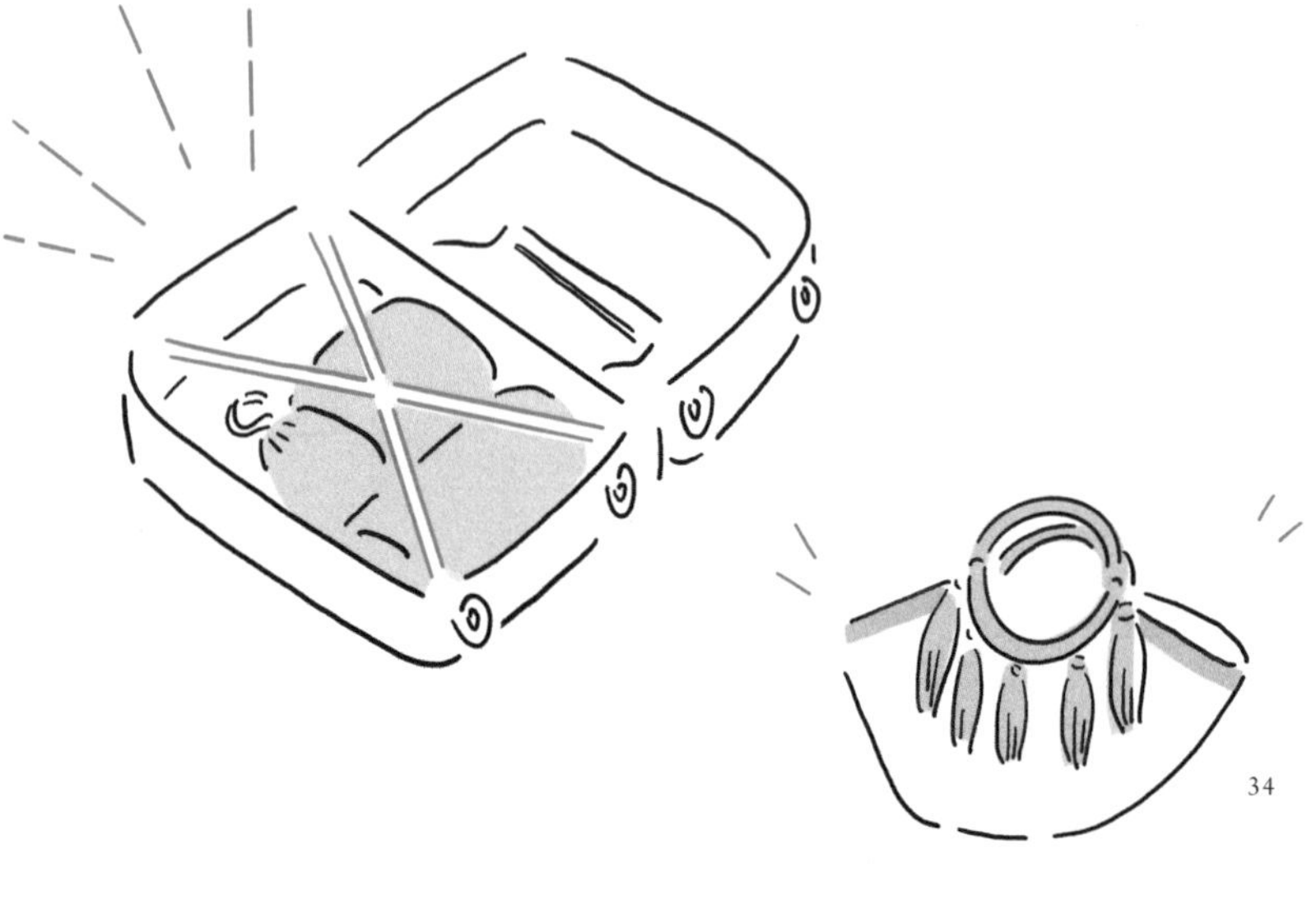

★香水はつけない

香りの強い香水は、その土地が持つさまざまなエネルギーを反射するので避けましょう。

代わりに朝の匂い、太陽の匂い、土の匂い、草木の匂い、雨の匂い――その土地が持つ空気を胸いっぱい吸い込めるように。目をつぶって3回深呼吸。ときめきが磨かれた実感があるはず。

★出発前までに自宅を掃除・片付け

掃除・片付けが得意な幸せ上手さん。汚れを取り除き「キレイ」な状態を保ち、邪気を自分の周りから追い払いますが、旅行前はいつも以上に念入り！　それは、パワースポットが、実は行くだけでは意味がないことを知っているからです。

自宅に帰ってきた時、旅先から持ち帰ったその運気を留まらせ、吸収させるためには自宅の掃除・片付けが大切。**まずはすべての運気の出入り口となる「玄関」を磨くのがコツ。**

帰ってきた時に「わぁ！　帰ってきた!!　旅行もいいけど、やっぱり家って落ち着くなぁ」

とほっとする感覚になれるかどうかがポイントです。

「うわっ。変な臭いがする。ゴミを捨ててから出かけるんだった」

「部屋がぐっちゃぐちゃだなぁ」

ついそんな言葉が出てきたら、悪い言霊《ことだま》となり、せっかく持ち帰ったパワーが逃げていきます。

★「あれない」「これない」を避ける

幸せ上手さんはものにも〝住所〟を与えます。「リモコンが見つからない！」というような「あれない」「これない」という事態にはなりません。自宅全体の掃除・片付けをしている中で、どんな小さなものもしっかり定位置へ。「ぐちゃぐちゃ」という印象がなくなります。

★水回りにはクエン酸スプレー

旅に出ることを理由に水回りを入念に磨き始めるのも幸せ上手さん。

汚れ、悪臭、ほこり、カビ、湿気の五大不浄《ごだいふじょう》は澱《よど》みや腐敗《ふはい》を生み、運気を停滞させるので、水回りは特に徹底クレンジングします。

スーパーで手軽に購入できるクエン酸が大活躍です。クエン酸は柑橘《かんきつ》類や梅干しなどに含まれる有機酸。水垢《みずあか》に強く、便器の黄ばみを取ったり、消臭効果も。まな板など台所用品、浴槽や排水口の除菌にも有効です。

ちなみに**トイレ掃除をする時は、まず床からスタートするのがコツ。**悪い気は下に溜まりやすいからです。

旅は非日常の空間。そこに身を置き、時間を過ごすことで五感（視覚、嗅覚、味覚、聴覚、触覚）が磨かれます。五感は直感を研ぎ澄ます器官ですが、幸せ上手さんは直感がすぐれている。自分が何をすれば幸運の波に乗れるか、瞬時に判断できるのです。

「あの人は鼻が利く」

幸せ上手さんがそう言われることが多いのも、幸運を嗅覚で察知できるから。

「せっかくの旅行前に掃除・片付けなんてやっていられない」

という幸せ下手さんがいるかもしれません。旅先で磨いた嗅覚を、帰宅後すぐに鈍らせないために、**水回りだけでもキレイにしてから行くのは幸運体質を持続させるコツ。**

★

「賞味期限切れ」がないかチェック

冷蔵庫の中身もチェックします。旅から帰ってきた時に賞味期限が切れそうなものは食べるか、捨てるか。五大不浄の原因となりそうなものを見逃しません。

★ベッドメイキングする

寝室は朝と夜の運気の転換、日々の生まれ変わりにつながる場所。寝具はそんなあなたを包んでくれるもの。幸せ上手さんがベッドメイキングを大切にする理由です。

旅はリフレッシュ。そうはいっても、心はときめきっぱなし、身体は非日常の体験の連続で、知らず知らずお疲れモードに。帰宅後しっかり休める場所はいつも以上に整えて出発しているそうです。

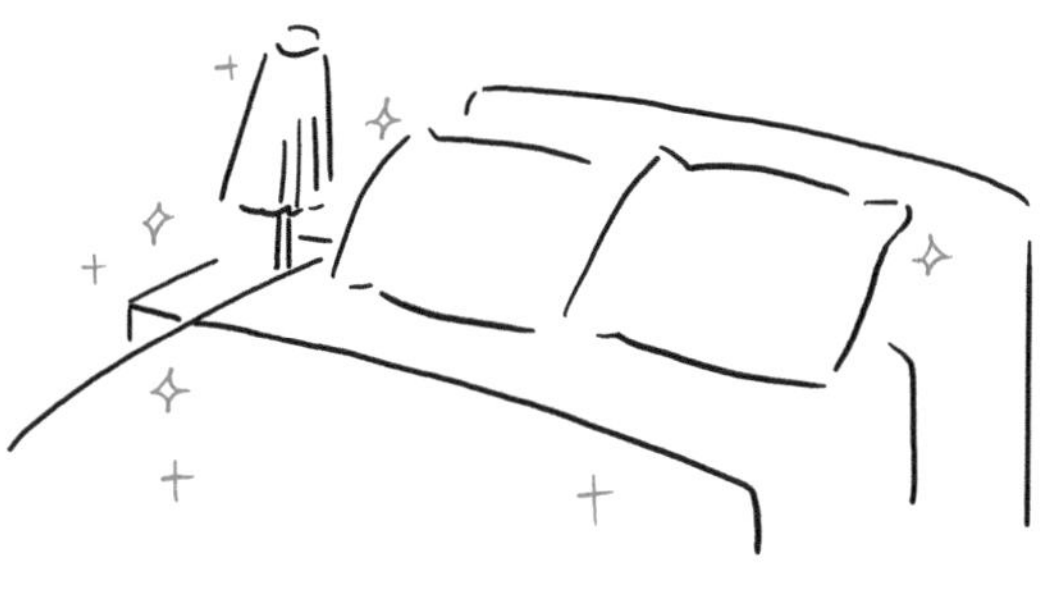

道中

★ 玄関は左足から出る

左半身は陽の気、右半身は陰の気を持っていますが、陽の気を持つ左足から出発することで縁起が良くなることを幸せ上手さんは知っています。

服を着る、靴をはく、歯磨きをする、お守りやお塩を左のポケットに入れる――日頃から「左」を意識するのがコツ。

★腕時計はつけない

日常生活では時間を守る幸せ上手さん。余裕を持って行動するからこそ、あわてることなく、どんなときめきにもリアクションできます。また約束の時間に遅れるなんてめったにありません。相手の時間を奪うことになるからです。

ただし旅では時間を気にしません。基本的なスケジュールは組んでいますが、楽しそうなことがあればときめくままに予定変更。眠くなったらお昼寝だってします。

★ デジタルデトックスの時間を作る

旅先は〝非日常〟。それゆえ五感が磨かれます。

自然の匂いや空気、その土地ならではのおいしいものに触れ、視覚、嗅覚、味覚、聴覚、触覚が研ぎ澄まされ、感度が上がる。そうして幸運を察知するために必要な直感力が高まっていきます。

旅は行くだけで幸運を引き寄せるパワーが満ちていくのに、スマホばかり見ていてはもったいない。ついつい見てしまうネットニュースやネガティブな言葉は悪い気を引き寄せます。メールを見れば、あっという間に〝現実〟に引き戻されてしまうことも。

だからこそ、旅の道中は時間を決めて電源オフ。スマホを自宅に置きっぱなしにして旅行する幸せ上手さんもいるくらいです。**手元にスマホがあると気になるという人は、思い切ってスマホをお留守番させるのもコツ。**

★写真はなるだけ他人が写り込まないように撮る

「写真を撮ると魂が抜ける」と言われていた時代もありますが、写真を撮る時は、なるだけ他人が写り込まないように撮影。良いのか悪いのかもわからない、正体不明の気を持ち帰ることを避けるためです。

撮影のコツ

山を背景に ―― 出世運アップ
滝を下から上のアングルで ―― 上昇運アップ
壁に背を向けて ―― 金運アップ
スイーツと一緒に ―― 恋愛運アップ
光を取り込む ―― 健康運アップ
イルカ（リアルじゃなくても〇K）を背景に ―― 発展運アップ

★地元のモノを食べたり、飲んだりする

地産地消という言葉があります。地元で生産されたものを地元で消費するという意味。特産物にはその土地の自然の「生」のパワーが満ちています。海の幸であれ、山の幸であれ、旬であればさらなるパワーを宿していて、それをいただく。こんなシンプルな運気アップはありません。

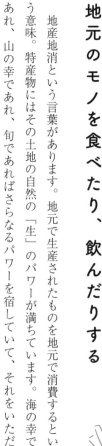

★地元の人の口コミを聞く

ガイドブックにはのっていない、耳よりな情報を届けてくれるのは地元の人。宿泊先のスタッフさん、タクシーやバスの運転手さん、通りすがりの人。会話を楽しみながら、〝とっておき〟を聞く。地元の人が通うレストランや、神社やお寺の隠れご利益スポット。何度も通っている旅先でも、新たな発見がきっとあるはずです。

★ パワーストーンは左手に

パワーストーンを持っている場合は、旅に連れて行きます。ブレスレットタイプなら運気の入り口となる左手に。

「パワーストーンを持って行きたいけど、何を選んだらいいかわからない」という人は、**水晶を選ぶのが運気を金にするコツ**。旅先に運気が良いところを選んで行ったとしても、時に強力なパワースポットは、その気が強すぎて逆に負けてしまうこともあります。「熱くないと効果を実感できない」と言う人がいる温泉を「火傷レベルに感じて浸《つ》かることもできない」と言う人もいるのと同じで、パワースポットに対しての感じ方は人それぞれ。

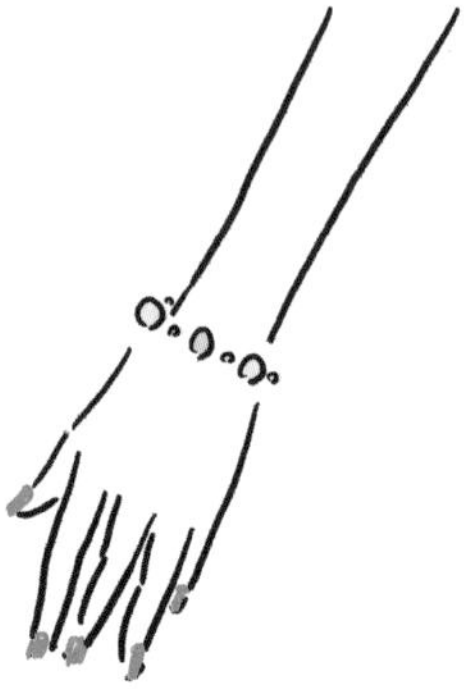

そんな時水晶があれば、強力なパワーを緩和しつつ、良い気だけしっかり受け取ることができる。また万が一、旅先で悪い気が溜《た》まっているところに行ってしまっても、お守り代わりになってくれます。

水晶は万能の石なんです。

パワーストーン選びに迷ったら、好きな色、気になる色で選ぶのも、運気を金に導くコツ。

選んだ色が、その時本当に求めているものや足りないものを与えてくれます。

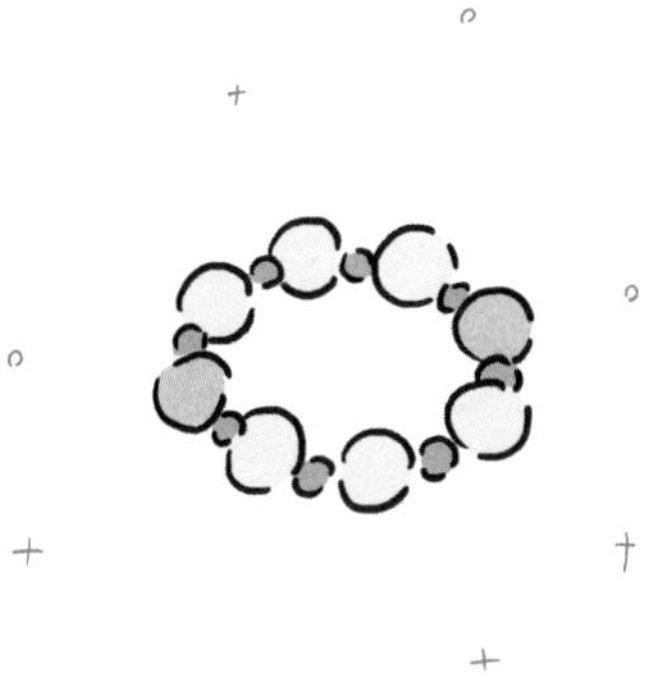

自信を取り戻す	レッド	ルビー	優美さ、上品さ、向上心UP。精神的、物質的に豊かになる。
		サンゴ	感情の乱れをコントロール。慈愛に満ち、恋愛運もUP。
		ガーネット	生命力の強化、才能の開花。勇気と自信がみなぎる。
愛と調和をもたらす	ピンク	ピンクトルマリン	魅力が最大限に引き出され、愛情深くなる。
		ローズクォーツ	愛を引き寄せ、調和させる。美意識の高まり。
チャンスを引き寄せる	イエロー	シトリン	強い浄化。前向きに人生を切り開く力、不屈の精神。
		キャッツアイ	エネルギーの消耗を抑える。直感力の向上。
		ルチルクォーツ	金運、仕事運の向上。感性が研ぎ澄まされる。
平穏をもたらす	グリーン	ペリドット	向上心が生まれて前向きに。思考もクリアになる。
		ヒスイ	清らかな愛と慈愛の心を育み、災いから守ってくれる。
		アマゾナイト	物事を把握する力が増し、不安が除去される。
		エメラルド	直感力が高まり、才能が開花。深い愛のパワーも。
冷静さを取り戻す	ブルー	アクアマリン	清らかで優しい気持ちを思い出す。別名「天使の石」。
		トルコ石	大きな夢や目標の達成。勇気とパワーをもたらす。
		サファイア	雑念が取り払われ、直感力や集中力、自信がUP。
		ラピスラズリ	洞察力の高まり。マイナスな感情のコントロール。

気品が高まる	パープル	クンツァイト	高貴なオーラで争いから守る。純粋さを呼び覚ます。
		アメシスト	冷静さと癒し、安定感をもたらす。正しい判断を補助。
		チャロアイト	邪気を浄化。清らかさ、知性、気品を高める。
安定力が増す	ブラウン	スモーキークォーツ	自然からの深い癒し。足りないパワーの補充。
		タイガーアイ	金運、勝負運、仕事運ＵＰ。自信がみなぎってくる。
悩みをクリアにする	クリア	ダイヤモンド	強力なパワーで幸運をゲット。不安や悲しみは軽減。
		水晶	強い浄化作用で純粋性を守る。夢や希望を叶える。
		ホワイトトパーズ	潜在能力が呼び覚まされ、自己肯定感が向上。
意志を強くする	ブラック	ブラックトルマリン	負のエネルギーをブロック。疲労や焦燥感軽減。
		オニキス	邪念や災いから身を守る。生きる力を高める。
ピュアな能力がよみがえる	ホワイト	パール	内面からの美しさや魅力を磨き、若々しさをキープ。
		ムーンストーン	自己肯定感の高まり。ストレス緩和。感受性の向上。
		ホワイトアゲート	優しさや純粋さが増す。メンタルのリセット。
個性が高まる	レインボー	オパール	独創性が高まり、周囲を魅了。包容力もＵＰ。

★トイレも座席も「真ん中」を使う

公共施設で何をどう選ぶかは運気を〝金〟にする中で重要なこと。

幸せ上手さんの選択のコツは「真ん中」。心理的に人は端を使いがちなのですが、誰かが座った気配がある場所は自らの気を澱ませます。

★下着や靴下は捨てる

丁寧にものを扱う幸せ上手さんにとって、下着や靴下はなかなか捨てられないアイテムのひとつ。

直接身につける下着や、大地を踏みしめる足裏とともにある靴下は、悪い気をたくさん吸っているので擦り切れたり、破れたりする前に捨てるのが鉄則。使い続けると悪い運気を身体に吸収させてしまうからです。

旅を機会に「そろそろかな」と心当たりのある下着や靴下を持って行き、さよなら。**お清めの塩と一緒に紙に包んで、中身が見えない袋に入れて感謝の気持ちとともに捨てるのがコツ。**

★新しい下着や靴下を現地調達

パワースポットや吉方位を選んで旅をしている幸せ上手さんですが、現地で下着や靴下を捨てたあと、調達します。

前述通り、直接身につけるものですから、現地のパワーが満ちている下着や靴下を新調すると効率良く運気アップができるのです。

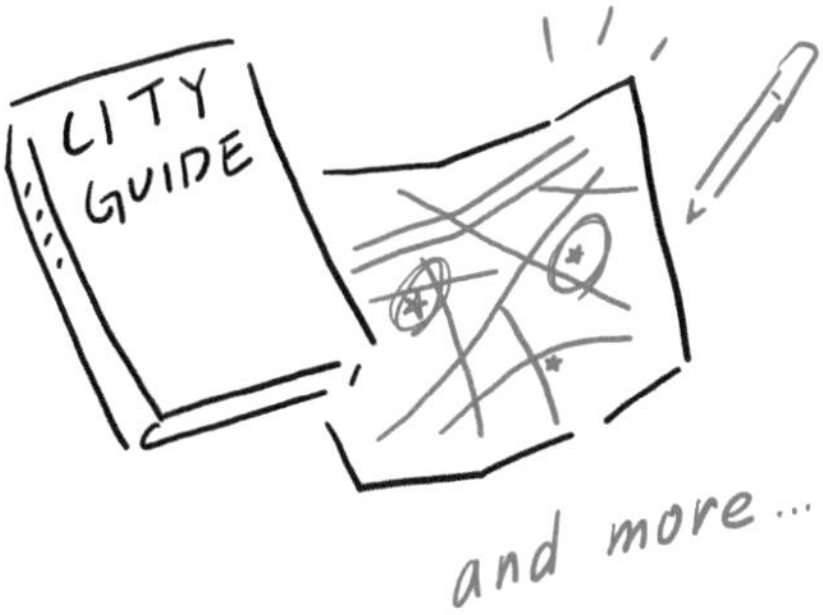
CITY GUIDE
and more…

荷ほどき

★帰宅してすぐに靴を磨く

旅先でいろいろな場所を踏みしめた靴には邪気がくっついています。そのまま放置すると、せっかく連れ帰った良い気が、邪気に上書きされてしまうことに。帰ったら乾いた布で靴の表面を拭き、汚れを落として、素早く収納が鉄則。

★窓を開けて空気の入れ替え

まだ日がある時間なら家中の窓を全開に。すっかり夜になっていたら、周囲に注意しながらリビングや寝室だけ、小一時間でもOK。自宅にこもっていた澱んだ気が外に出て、旅先の良い気と入れ替わります。

★スーツケースやバッグはその日のうちに片付ける

荷ほどきスタート。ときめきの余韻に浸りながら、その日のうちに一緒に旅した衣類をハンガーにかけたり、洗濯機へ入れたり。旅行グッズは定位置へしまいます。最後にスーツケースやバッグは乾いた布や除菌シートでしっかり拭いて、感謝の気持ちを胸に、〝住所〟へ戻してあげて。

ちなみにスーツケースなど、レジャーにまつわるものを玄関などに置きっぱなしにすると仕事運の低下、散財につながると言われています。

荷ほどきは、〝その日のうちに〟がコツ。

★花や観葉植物に水をあげる

留守番をしてくれていた観葉植物には、留守を守ってくれたお礼の気持ちを込めて「ただいま」と言いながらたっぷりの水をあげましょう。

花瓶は新鮮な水に入れ替え、花や葉っぱには霧吹きを。

★お土産は1週間以内に渡す

その土地の良い気のおすそわけ、それがお土産です。

良い気の消費期限が切れる前に、なるだけ早く渡すよう心がけています。

また、いただいたお土産もすぐ食べる、すぐ使うのが幸せ上手さんのマイルール。「あとにしよう」「もったいない」と思っているうちに消費期限切れになり、せっかくのパワーがなくなってしまう――なんて事態を避けます。

★お気に入りの写真を写真立てに

見るだけで楽しくなる写真、ほっと安らぐ写真、不思議とパワーがみなぎる写真――そういった写真は写真立てに入れて飾る。

スマホに保存しているだけでは、撮影したこと自体を忘れてしまいがちです。いつも見える場所に置くと、見るたびにときめく気持ちがむくむく湧き上がってくるはず。

幸せ上手さんの旅は、帰宅後もそうして続きます。

温泉で磨く

自然界のあらゆるものの由来は
「木《もく》」「火《か》」「土《ど》」「金《こん》」「水《すい》」。
この五行は人間の生活に不可欠で、
それぞれの気を満たすことで運気が金に導かれていきます。
温泉は五行の気がすべて入っている最強のパワースポット。
全体的な運気を金にするパワーが期待できますが、
天星術による泉質を選べば、あなたの願い事を叶える力に。

金運

二酸化炭素泉

お湯に浸かると
身体に気泡が付着するのが特徴。
含有される二酸化炭素が血管を拡張し、
血液の循環改善に効果大。
また、切り傷や火傷などの
外傷の回復を早めてくれる効果。
特に出世・上昇につながる。

含鉄泉

鉄分を多く含み、湧き出す瞬間は透明ですが、
空気に触れて赤褐色などに変化。
飲用すると貧血症や婦人科系の病気にも
効果が期待できる。
特に貯蓄運アップ。

放射能泉

別名をラジウム泉。
認可されている微量のラドンなどの放射性物質を含む。
さまざまな細胞を活性化させて
身体に良い影響を与える「万病の湯」。
特に金につながるエネルギー上昇に効果あり。

対人運

酸性泉

多くは硫酸、塩酸、ホウ酸など
酸性物質を含み、強い殺菌力が特徴。
皮膚病や傷への治癒効果が期待できる。
特に良縁を引きやすくなる。

硫酸塩泉

硫酸イオンが血管を拡張し、
血流を改善する効果が期待できる。
またカルシウム硫酸塩泉は新陳代謝を、
ナトリウム硫酸塩泉は飲用すると
腸の活動を促す。
特にお誘いに開運のヒントが。

硫黄泉

硫化水素ガスの独特な臭いで知られる。
殺菌力があり、皮膚病や傷に効果大。
血管を拡張させる働きや、
解毒作用があることなどから
「生活習慣病の湯」と呼ばれる。
特に人間関係の不安・不満を浄化する効果。

恋愛運

塩化物泉

陰イオンの主成分が塩化物イオンの温泉で、別名「熱の湯」。浸かることで、塩分が毛穴をふさいで汗の蒸発を防ぐため保湿力が高く、湯冷めしにくい。神経痛、冷え症、関節性リウマチなどの症状を軽減する。

マンネリ解消に期待。

アルカリ性単純温泉

無味無臭で刺激が少ない泉質。不要な角質を取る働きがあり、美肌効果が高い。

特に愛され運がアップ。

炭酸水素塩泉

とろりとした肌触りで「美肌の湯」と呼ばれる。ナトリウムやカルシウム、マグネシウムが多く含まれるアルカリ性の湯で痙攣《けいれん》や炎症を抑える作用あり。

特に円満度アップ。

迷った時のコツは乳白色の湯を選ぶ

心機一転のパワーあり。癒しのエネルギーに満ち、心も浄化。
白濁の理由は硫化水素によるものがほとんど。
カルシウムが多い温泉や高濃度の炭酸水素塩泉などでも見られる。

幸せ上手さんは「お買い物」でときめきを磨く

幸せ上手さんは日々の「お買い物」で
ときめきを実感しています。
「これだ!」と胸が躍る食べ物やファッション、
インテリアetc.にお金を使って、自宅に連れて帰る——
金運に好かれている幸せ上手さんは、
「いかにお金を貯めるか」より「いかに楽しく使うか」が大事。
「もったいない」と節約重視するのではなく、
「楽しく工夫して使う」。
さまざまな人の手を経てやってくるお金には厄がつきものですが、
使うことで厄落としになると知っているからです。

★「安いから」「必要だから」ではなく ときめくモノを買う

幸せ上手さんは100円均一やSALEで「安いから」という理由で買い物をしません。「必要だから」という場合でさえ、さまざまな選択肢の中からときめくものを買う。「とりあえず買う」とか「臨時収入入ったからとにかく高級品が欲しい」という動機の買い物もしません。

お金持ちほどケチ、と言われることがあります。何でも買えるお金があるのに、吟味した結果買わなかったり、安い方を選んだりするからです。これはケチだからではなく、お金を大切にしている証。値札を見ずに買うことはまずありません。むしろ、気に入ったものがあれば、より安く購入できる店を探します。そういう習慣の中で、「目利き」の感覚がピカピカに磨かれていきます。

目利きですから、100円均一やSALEでは、「お値段以上に感じる」もので、欲しいものがあれば迷わず購入。「金払い」は「厄払い」と言われます。お金に感謝し、大切に向き合い、買い物をすることで金運アップ。

Really need?

Are you sure?

★ムダなモノは買わない

例えば100円均一で、ひとつだけ欲しい文房具があったとします。「たったひとつだけ買うのは恥ずかしいから」と、「必要じゃないけどあったら使うかも」などと言い訳しながら、ついでにヘアアクセサリーやキッチン用品をあれこれ見繕《みつくろ》う。

例えばスーパーのタイムセールで、予定していた献立には使わない食材が激安になったら、「もしかしたら明日食べるかも」と考えながら財布を開く。

いずれも予定になかった買い物。そういったものからはムダな波動が出ていますが、幸せ上手さんはそれらを自宅に連れて帰るようなことはしません。

★スムーズに買えないモノはいったんストップ

コンビニやネットショッピングで24時間・365日いつでも買い物ができる時代です。「ぱ～っと買い物がしたい」「いますぐあれが欲しい」との衝動・欲求をいつでも満たすことができる。ただそういう時に限って、財布が見つからなかったり、電子マネーのチャージができていなかったり、お客様ＩＤやパスワードを忘れたり。

幸せ上手さんはそんな時、いったん、はやる気持ちを落ち着かせます。「この買い物、本当に必要かな？」と自分自身に問いかけるそうです。

★ 買う分だけ捨てる

ものを増やさないことは、自宅をパワースポットにするコツ。そうは言っても、日々買い物をするので、ものは増えていきます。「買ったら捨てる」が鉄則ですが、なかなかできません。

幸せ上手さんは「これを捨ててあれを買おう」とあらかじめ決めて買い物に出かけるそうです。

例えばスーパーに行く前に冷蔵庫の中身をチェックする時のコツ。

- 賞味期限切れのものを捨てる。
- そうでないものでも、調味料など「前に使ったのはいつか」「次に使う機会はあるか」を考える。

・消費期限・賞味期限が切れていなくても「次に使いそうな時まで大丈夫か」を見定める。
・腐っていたり、腐りかけていないかを自分の目で見て、触れて、嗅いで判断する。

例えば衣類を買いに行く前にクローゼットを見回す時のコツ。

・同じようなアイテムがないか、運気が滞らない容量の8割をキープしているか確認する。
・「いつかきっと」使うものは、本当に「いつか」が来るかどうか考える。
・「いまの自分」に不要なものだけど、「いまの誰か」に必要なものではないか見極める。
・「流行り」など時機を逸したものの必要性を再確認。

★基礎化粧品は3か月で買い替える

幸せ上手さんのお肌はいつもピカピカ。それは、メンタルが安定してしっかり睡眠が取れていることはもちろんなのですが、肌に直接触れる化粧品も新鮮なものを使っているからです。

特に化粧水、乳液、クリームなどの基礎化粧品は3か月で一新。このペースで使い切ろうとすると、自然とたっぷり使うことに気付かされます。

朝のお手入れは「今日もがんばろう」、夜のお手入れは「1日お疲れさま」と毎日自分自身を慈しみながら、全身にうるおいを与えています。

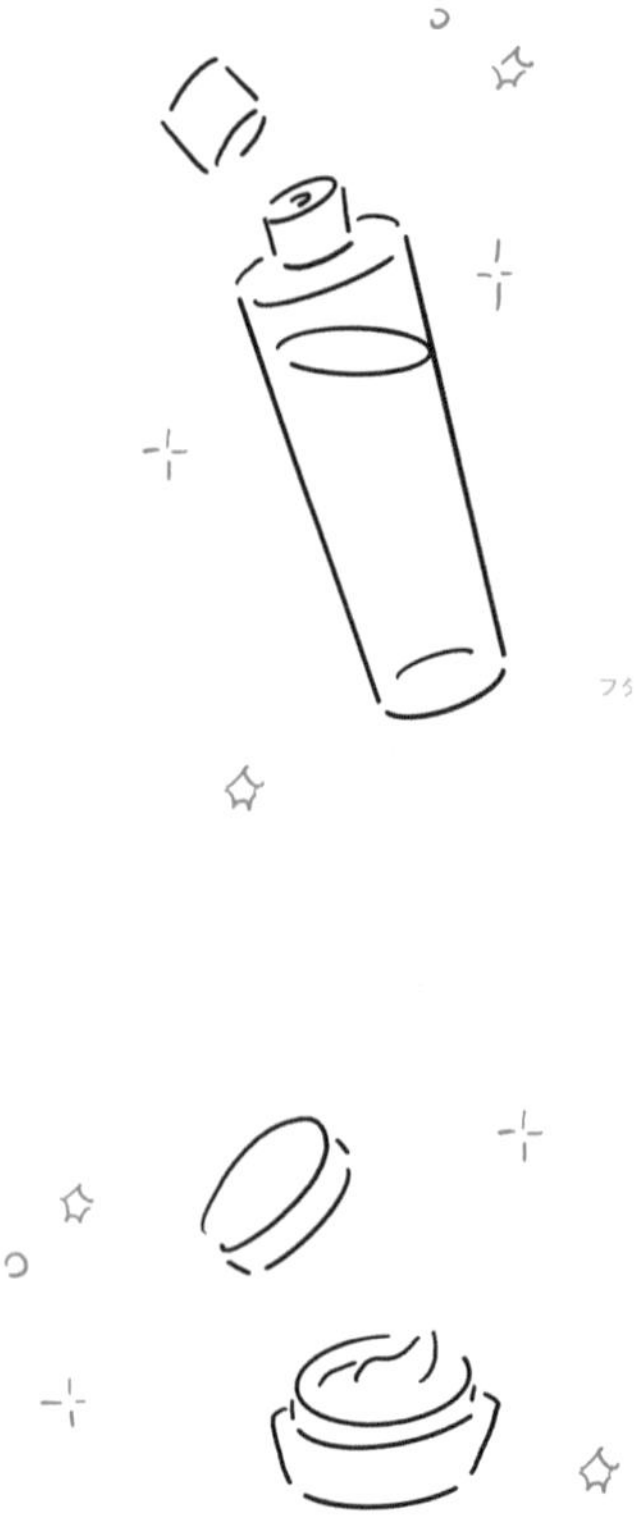

★スーパーで金になる食材を買う

食材は金のパワーにダイレクトに影響します。肉はお金を貯め込む力を、野菜は発展力を、乾物は行動力に作用。またオイルそのものにも金のパワーが。ほかにも旬の食材には大きなエネルギーが満ちています。

前述の通り、冷蔵庫の中が余分なものがない状態であれば、いつもフレッシュな金のパワーが巡りやすくなっています。

★旬の花を買う

旬のものは大地の金のパワーに満ちています。植物や花を自宅に飾るだけで運気が巡りますが、旬の花を欠かさないことで、ときめきは磨かれます。

花暦《はなごよみ》を知る

月別に開花時期などを示した暦。自然界での開花は、季節を予知する上で重要な指標的役割を果たしていた歴史的背景があります。

花暦を知れば、旬の花がわかり、はがきや手紙の時候の挨拶としても使える。運気を金にしていくコツです。

一月	二月	三月	四月	五月	六月
睦月《むつき》	如月《きさらぎ》	弥生《やよい》	卯月《うづき》	皐月《さつき》	水無月《みなづき》
梅 福寿草《ふくじゅそう》	椿《つばき》 水仙	桃 菜の花	桜 チューリップ	藤 カーネーション	紫陽花《あじさい》 花菖蒲《はなしょうぶ》

七月	八月	九月	十月	十一月	十二月
文月《ふみづき》	葉月《はづき》	長月《ながつき》	神無月《かんなづき》	霜月《しもつき》	師走《しわす》
山梔子《くちなし》 百合	百日紅《さるすべり》 朝顔	萩《はぎ》 彼岸花《ひがんばな》	木犀《もくせい》 秋桜《コスモス》	山茶花《さざんか》 菊	ポインセチア 石蕗《つわぶき》

★ぎゅうぎゅうのエレベーターは見送って階段を使う

休日のデパートなどで、ぎゅうぎゅう詰めのエレベーターに乗るかどうか――

幸せ上手さんは迷わず見送ります。**いろんな人の運気が溜まっている場所からは距離を置くのが、自らの運気を澱ませないコツ。**そんな時階段を使うと、「運」が「動」いて、さらなる幸運が舞い込みます。

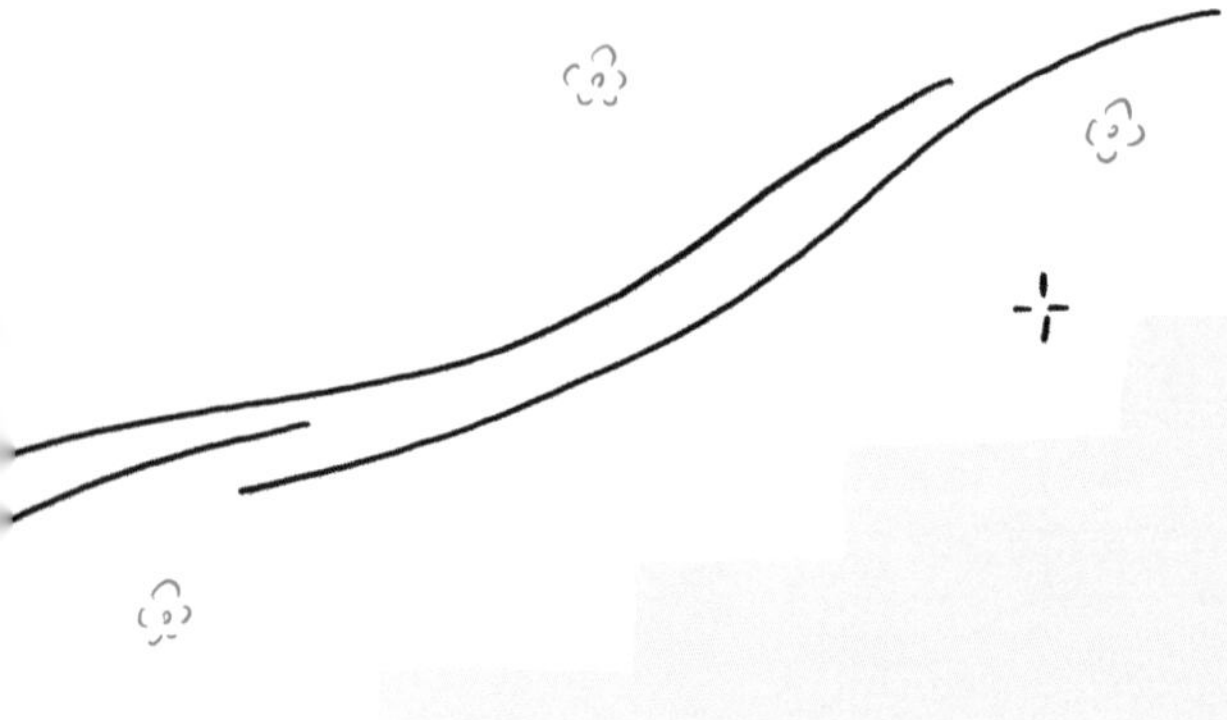

★ショッパーは取っておかない

ときめくものを連れ帰った時のショッパー。かわいいし、素敵だし、「いつか使うかも」「サブバッグの代わりにできるかも」と思ってなかなか捨てられないアイテムのひとつ。「いつか」のために紙袋を取っておく人は、ほかのものも捨てられないタイプ。余談ですが、ショッパーなど紙類は「木の気」を持ちます。風水で「木」は成長や発展するすべての象徴。使わなくなった古い紙類をいつまでも取っておくと、知らず知らずのうちに成長の運気を逃すことにつながります。特に新聞や雑誌など流行に関する紙類をいつまでも取っておくと、時の運がすり減り、チャンスを逃がす可能性も。**思い切って処分していくのが運気を金にするコツ。**

★

行列や人混みで誰かの影を踏まない、自分の影を踏ませない

お買い物の道中、行列ができていれば並びたくなるし、ついつい人が集まる場所があればそこへ向かってしまうのが幸せ上手さん。「何があるのかな」と、ときめく気持ちが抑えられないからです。

そんな時も金運を逃さないために気をつけていること、それが、誰かの影を踏んだり、自分の影を踏まれないこと。金運が逃げていくと考えられています。

★自分への「ご褒美」は「一流のモノ」を選ぶ

大きな夢、小さな夢。幸せ上手さんは希望という角度をつけて、夢の実現に向けて動いています。その過程で、何か目標を達成したら、自分にご褒美をあげるのですが、**ちょっと高いけど、一流のものを買うのがコツ**。見たり使ったりするたびにその時の嬉しい気持ちがよみがえり、「またこの幸せを実感したい」とがんばるパワーになるからです。海外旅行に行くのも吉。

一流を知ると、自分のステータスが上がる。オーラも輝く。喜び、豊かさ、充実感。そういう気がある楽しい人が金運は大好きです。

★財布は長財布を使う

お金に感謝の気持ちがある幸せ上手さんは、お金を丁寧に扱います。なので財布もお札もキレイ。長財布にすればお札を曲げることもなく、ピシッとしまえます。レシートやポイントカードなどとは入れる場所をわけると金運アップ。さらに帰宅後は不要なレシートなどを取り出して整理しておくと運気が金に導かれます。

★お札の向きをそろえる

顔が上を向いていたり、下を向いていたり、バラバラにせず、一様にそろえる。自宅と一緒で、財布はお札の家。**居心地よくすることが金運アップのコツです。**

★1週間に1回は通帳記入

クレジットカードや電子マネーで、キャッシュレス決済を利用することも多いと思います。だからこそ、お金の重みを実感することが少なくなったと言えるかもしれません。いつ、何を、どれくらい使ったかわからない状態では金運が乱れてしまいます。**1週間に1回は通帳記入をするなどして、いま自分がいくらのお金を使っているのか、持っているのか、把握しておくのが、運気を金にするコツ**です。

★財布は吉日《きちじつ》を選んで買い替える

財布の買い替え、使い始めのタイミングは、春・秋・年末・誕生月。節目を意識して、気分を一新するイメージでいると開運です。また吉日を選ぶのも幸せ上手さんの習慣です。

GOLDコラム 2

運気が金に なりやすい 7つの開運日

幸せ上手さんは「せっかくなら」が口癖。
レジャーに行く前、天気予報で晴れの日をチェックするように、
せっかくお買い物をするなら、せっかく始めるのなら…と、
運気の後押しを感じる開運日に行うようにしているのです。

1 天赦日《てんしゃにち》

天がすべてを赦《ゆる》すと言われる最高の吉日。この日に始めたことはスムーズに進み、大成功を収めやすい。大きな買い物も吉。赤い下着がラッキーアイテム。

2 一粒万倍日《いちりゅうまんばいび》

一粒の籾《もみ》は万倍に実り、豊かな稲穂になる――転じて、お金が何倍にも増えると言われる。この日に起こしたことは、どんな小さなことでも大きな成功につながりやすい。一方で悪いことも大きくなるので、喧嘩、借金はNG。ネガティブな発言は要注意。

3 寅《とら》の日

古くからトラは、黄金の毛を持ち、千里を行って帰る、と言われているが、転じて、寅の日に出ていったお金はすぐに手元に戻ると言われる。「戻ってくる」エネルギーが強いので、入籍、結婚式、葬儀は避ける。

4 巳《み》の日

「巳」とはヘビのこと。勝負事、学問などさまざまな分野の運気を司る弁財天の化身、あるいは使者とも言われる。寅の日同様、金運爆上げの吉日で、早めに帰宅し、排水溝やトイレをピカピカにするといい日。

5 己巳《つちのとみ》の日

陰陽五行説で土の属性となる「己」は、富や財産を生み出す。弁財天のパワーがあふれる「巳の日」に、金を生む「己の日」が重なったこの日は最強の金運招来日。財布とお守りを購入するならこの日。

6 お一日《ついたち》

毎月1日、または新月の日。前日までに掃除をし、1か月を大事なく過ごせたことに感謝。新しい月の始まりの日に、恋人や家族など大切な人と楽しく過ごすと開運。

7

二十四節気《せっき》の節入《せつい》り日

1年を春夏秋冬の4つの季節にわけ、さらにそれぞれ6つにわけたもの。

季節が動く日は大きなエネルギーも動くため、幸運を引き寄せる大チャンスに。特に立春、春分、夏至、秋分、冬至は大切にしたい。

季節	二十四節気	新暦による日付
初春	立春《りっしゅん》	2月4日頃
	雨水《うすい》	2月18日頃
仲春	啓蟄《けいちつ》	3月5日頃
	春分《しゅんぶん》	3月21日頃
晩春	清明《せいめい》	4月5日頃
	穀雨《こくう》	4月20日頃
初夏	立夏《りっか》	5月5日頃
	小満《しょうまん》	5月21日頃
仲夏	芒種《ぼうしゅ》	6月5日頃
	夏至《げし》	6月21日頃
晩夏	小暑《しょうしょ》	7月7日頃
	大暑《たいしょ》	7月23日頃
初秋	立秋《りっしゅう》	8月7日頃
	処暑《しょしょ》	8月23日頃
仲秋	白露《はくろ》	9月8日頃
	秋分《しゅうぶん》	9月23日頃
晩秋	寒露《かんろ》	10月8日頃
	霜降《そうこう》	10月23日頃
初冬	立冬《りっとう》	11月7日頃
	小雪《しょうせつ》	11月22日頃
仲冬	大雪《たいせつ》	12月7日頃
	冬至《とうじ》	12月22日頃
晩冬	小寒《しょうかん》	1月6日頃
	大寒《だいかん》	1月21日頃

これらの開運日に最高の運気を引き寄せるために知っておくと良いのが「六曜」(先勝・友引・先負・仏滅・大安・赤口)。

	午前	昼	午後
大安	○	○	○
友引	○	×	○
先勝	○	○	×
先負	×	×	○
赤口	×	○	×
仏滅	×	×	×

先勝《せんしょう》

「先《さき》んずれば即《すなわ》ち勝つ」という意味。早く行うことが幸運を呼び寄せる。ただし午後は凶。

友引《ともびき》

朝と夜は吉、昼は凶、夕方は大吉。葬儀を行うと死人の道連れにされる恐れがあるとも言われる一方で、婚礼は「友を引く」=「幸せをお裾分けできる」というニュアンスがあり、大安の次にめでたい日として入籍日に用いられることも多い。

大安《たいあん》

婚礼、旅行、移動、開店など、あらゆることが成功に結びつきやすい吉日。

赤口《しゃっこう》

陰陽道《おんみょうどう》に基づく凶日で、仏滅より避けられることも。太歳神《たいさいしん》の王都の東門の番神・赤口神のもとに八鬼の鬼神がいて、人や生き物を悩ませる日があることに由来。この日はお昼時にあたる午の刻（午前11時頃～午後1時頃まで）のみ吉。

仏滅《ぶつめつ》

「仏も滅する大凶日」の意味があり、六曜の中ではすべてのことがうまくいかない大悪日。新規事業のスタート、開店、移転など、あらゆることに対して凶。

先負《せんぶ・さきまけ・せんまけ》

「先んずれば即ち負ける」という意味で、「先勝」の対になる日。すべてにおいて平常心で過ごすと吉。急用などは避ける。午後は大吉。

STEP 2

元気を
整える

幸せ上手さんは、いつ会っても、いつ見ても、笑顔。
何か特別なことをしているわけでもないのに、
きらめくほどの元気は、周りを明るく、
陽の気で包んでいきます。
ときめきで磨かれた運気に満ちているからです。
とんでもないパワーが必要かと思われるかもしれませんが
コツがあります。
キーワードは「整える」。
朝と夜の習慣、そして方位を知ること。

幸せ上手さんは「ゆっくり」元気を整える

ついつい気が急《せ》いてしまうことの方が多い中で、
いつも焦らず、自分ペース。
ゆっくりおしゃべりしたり、ごはんを楽しんだり、
丁寧な時間を過ごす。
そんな幸せ上手さんの元気のコツは、
朝と夜の習慣にこそあります。
前作でもお伝えしていますが、
今作では「ゆっくり」を中心にお話しさせてください。

朝

★「おはよう」と今日の自分に挨拶する

朝です。さぁ、新しい1日の始まり。

「今日はこの前買ったワンピース着よう！　バッグは赤が合うなぁ♪　黄色もいいかも！」

「ランチはパスタにしよう！　サラダとスープも一緒に食べたいな」

幸せ上手さんは、そんなふうに起きた瞬間からさっそくときめきます。

「仕事するの嫌だな」「学校行きたくない」「まだ眠っていたい」

ワクワクがいっぱいだから、ネガティブなことを考えることはありません。

ちなみに雨の日だって落ち込みません。
お気に入りの傘や雨靴があるから。
花や草木が楽しそうにおしゃべりしているから。

★

カーテンを開けて、太陽の光を浴びる

花や植物も一斉に目覚める朝は、1日でいちばん良い気で満ちています。

窓を開けて、大きく深呼吸。胸いっぱいにす〜っと吸い込んで。

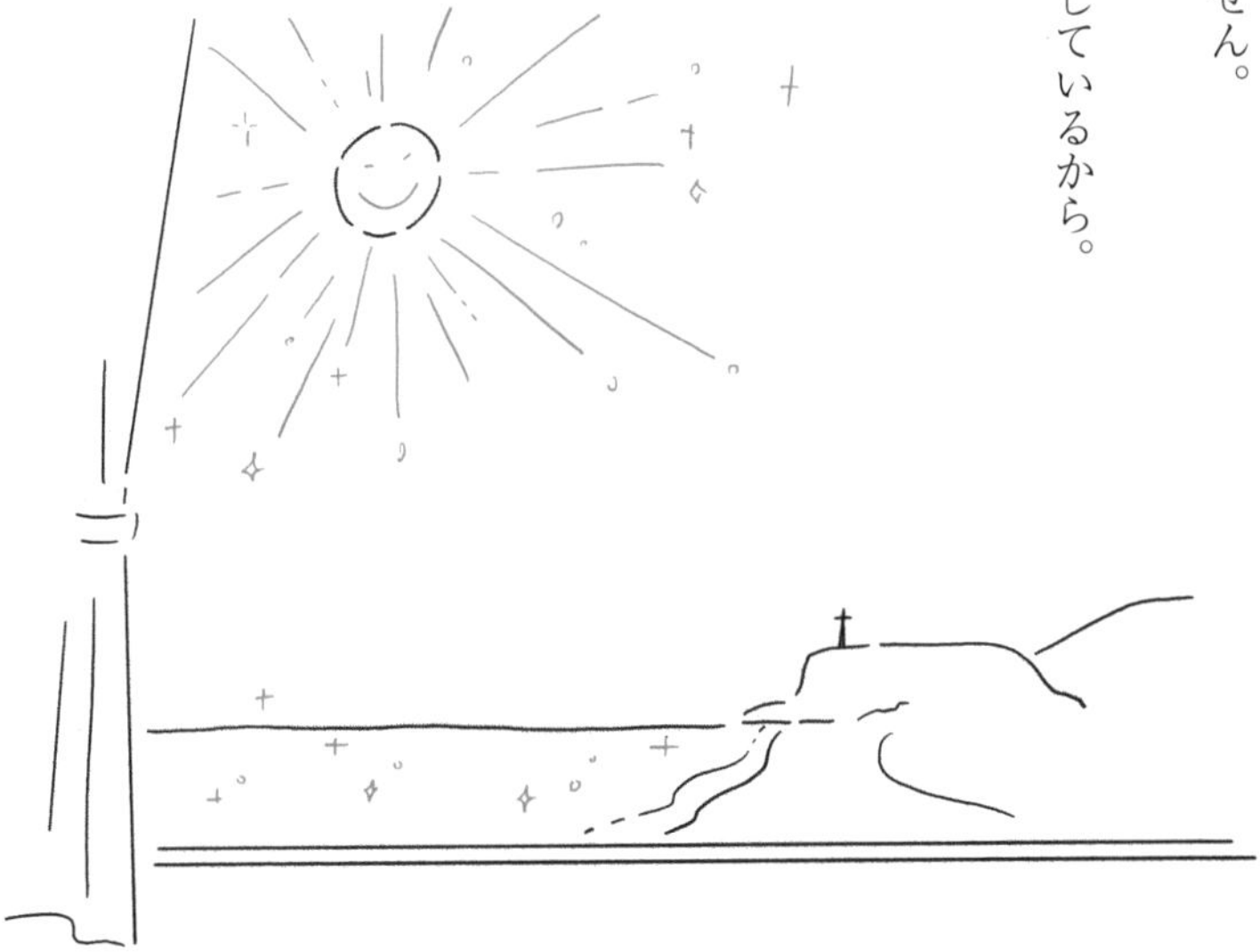

★コップ1杯の水を飲む

まだ目覚めきっていない身体を、コップ1杯の水でゆっくり起こしてあげます。

幸せ上手さんは、頭からつま先まで自分自身に水を行き渡らせるように「今日も1日よろしくお願いします」という気持ちでごくごく飲むんだそう。

そうすることで太陽からいただいたパワーも全身に巡っていきます。

私が出会ってきた幸せ上手さんは1日に1リットル程度の水を摂っていますが、これは手軽に始められる開運アクションのひとつ。

人間の身体は約60%が水でできていると言われます。


水槽を想像してください。置きっぱなしにしていると状態が悪くなりますが、新しい水を入れ替え続けることで、熱帯魚は元気に暮らせますよね。

ツキや幸運を引き寄せて自分自身のものにするには、その器となる身体が健やかであることがとっても重要だと思います。

★「いただきます」「おいしい！」「ごちそうさま」と言う

すべてが「実り」で「恵み」のごはん。私たちは「命」をいただき、幸せをつかみながら生きていきます。

幸せ上手さんは、食卓に並んだごはんを、目で見て、匂いを嗅いで「いただきます」。サクサクのトースト、炊きたてほくほくごはん、シャキシャキしたサラダ――

どんなに簡単な朝ごはんだったとしても、温かいものはアツアツのうちに、冷たいものはぬるくならないうちに。おいしい温度のまましっかり味わって「おいしい！」と声に出します。

そうして最後は感謝の気持ちいっぱいに「ごちそうさま」。テレビや新聞を見ながら、スマホをチェックしながら――そんな「ながら」をする時間はとてもありません。

★朝ごはんにヨーグルトを食べる

ヨーロッパには「朝食は金」との言葉があります。幸せ上手さんは1日3食を大事にしますが、中でも朝食は特別。その食卓に欠かせないものがヨーグルトです。変化を促す効果があるヨーグルトは開運フードのひとつ。

始まりの朝にぴったりです。

朝ごはんで良い運気を呼び込む具材やトッピング

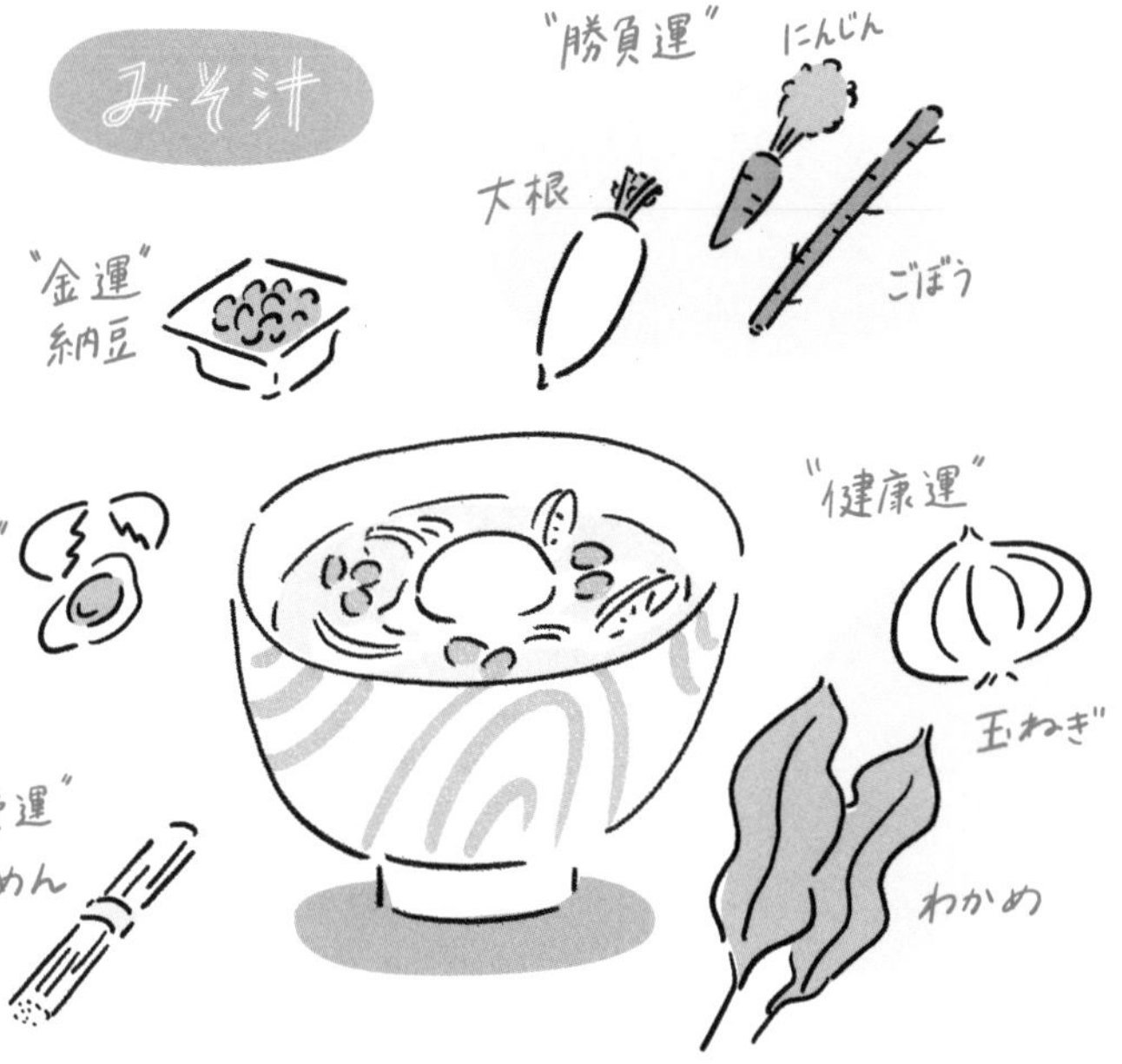
みそ汁
"勝負運"
にんじん
大根
ごぼう
"金運"
納豆
"健康運"
玉ねぎ
"対人運"
卵
"恋愛運"
そうめん
わかめ

いただきます
ごちそうさま
おいしい!
トースト
"ビューティー"
はちみつ
HONEY
"モテ期"
目玉焼き

STEP2

★よく噛《か》む

簡単な朝ごはんでも、ゆっくり噛んで食べるのが幸せ上手さん流。腸は「第2の脳」と言いますが、ごはんをよく噛まずに流し込むと胃腸を酷使することになります。

ひとりの朝でも、どんなに忙しい朝だとしても、しっかり朝ごはんを味わう。そうすることで、心と身体を整え、新しい1日をときめきいっぱいに始められるのです。

★皿洗いをする

食べたものをのせていたお皿は、「ごちそうさま」の流れで洗います。掃除や片付けなど、朝から完璧にこなすのは難しくても、皿洗いだけは始めたら必ず終わる。小さな達成感ですが、1日の始まりの金のパワーにつながります。

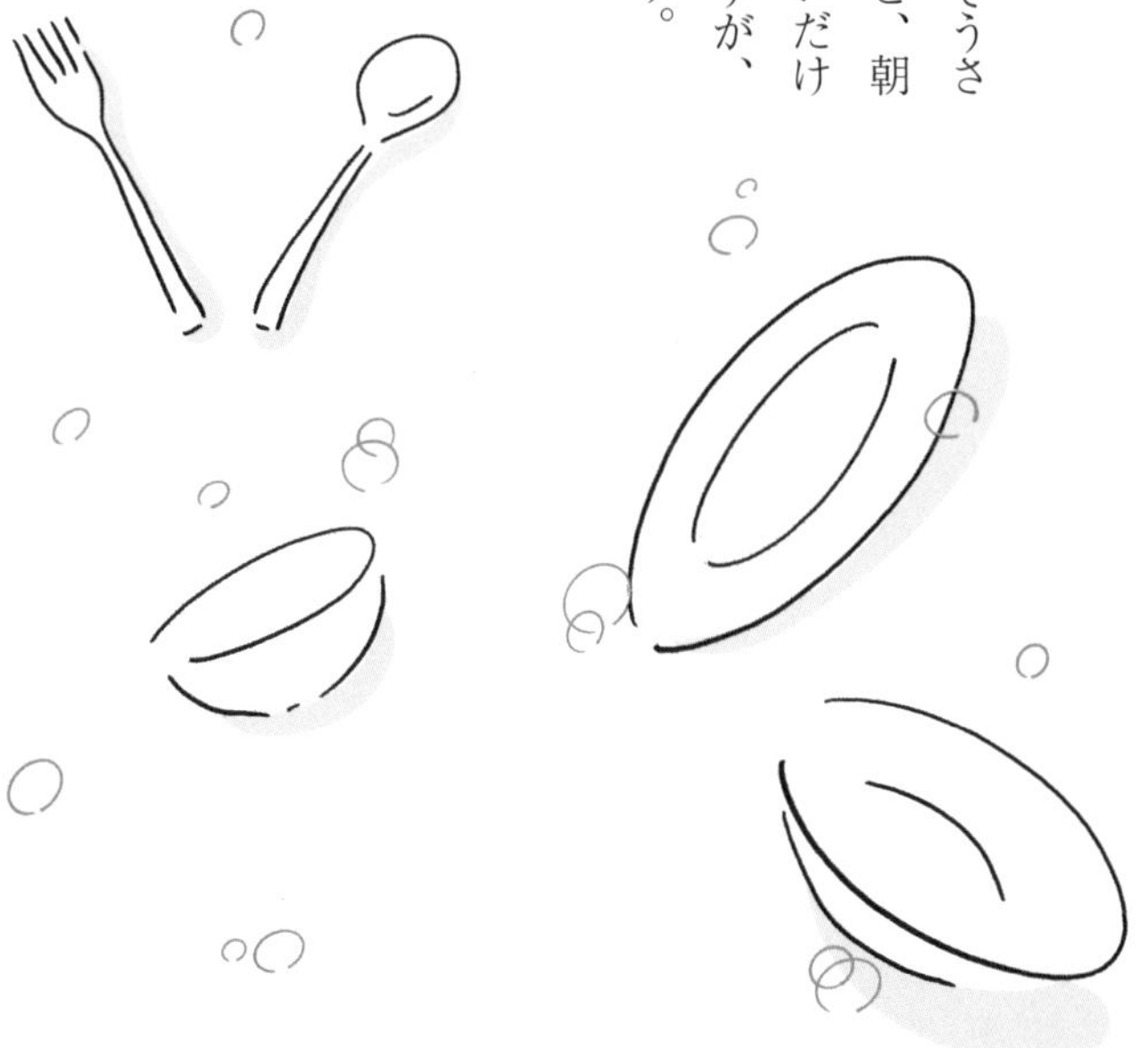

★朝の7時〜9時の間に運動する

「運」を「動」かす運動は、日常にいつでも取り入れてほしいのですが、幸せ上手さんは朝の7時〜9時頃、運動することが多いです。

ジムでのトレーニングなど本格的なスポーツのこともあれば、掃除や洗濯などの家事、軽いジョギングやウォーキングなどで無理なく身体を動かすこともあります。

かつて日本や中国で用いられていた「十二時辰《じしん》」で、朝の7時～9時は「辰《たつ》の刻」。龍《りゅう》が巡る時間帯と言われています。前述の通り、朝日のパワーを一身に受けた草木や花々の気も満ちているこの時間帯は、運気のゴールデンタイムとも言えます。

★ 寄り道・回り道をする

ちょうど登校、出勤時間だったら、少しだけ遠回りをすることもあります。

わざわざ運動をしなくちゃ！　と思っていると億劫になりますが、幸せ上手さんは朝の運動もときめきに変えます。

毎日同じ時間に同じ道を歩いて、同じ風景を眺めるのは安心ですが、たまに、ほんの少しだけ遠回りをしてみるんです。

「寄り道ばっかりして！」「早くしなさい!!」

子供の頃は、そんなことを言われてもお構いなしだったはず。

新しい道できっと素敵な何かに出会える予感があったから、ワクワク、ドキドキを抑えられなかったはずです。

大人になった幸せ上手さんは、いまもそのときめきの記憶を忘れられません。

★花の名前を覚える

その道すがらで、知らない花に出会ったら、すぐに調べるのも幸せ上手さん。名前がつくと、それまで見えていた景色がたちまち変わります。

ちょうどデビューしたてのアイドルグループで、顔と名前が一致すると、それまでたくさんの人のうちのひとりに過ぎなかったのに、途端に、推しになることもありますが、同じようなこと。

いつもの道で、街中で、いろんな場所でその花に気付けるようになります。花言葉を知れば、親近感も湧く。一気に世界が広がる感覚に胸は高鳴りっぱなしです。

オニタビラコ

レンゲショウマ

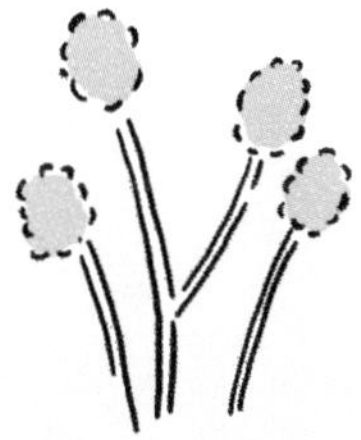

ワレモコウ

★空を見る

幸せ上手さんは上を向いて歩きます。


2つ同時に虹が見られる「ダブルレインボー」。

太陽に雲がかかって光の環ができる「ハロ現象」。

雲が虹色に染まる「彩雲《さいうん》」。

龍のような形をした「龍雲」や、大きな羽を広げている天使の形をした雲――

「見たい」と願ってもなかなか出会えない開運の兆《きざ》しですが、幸せ上手さんはたびたび見かけるそうですよ。

夜も空を見上げます。
満月の日は、感謝の気持ちでフルムーンのパワーを受け取る。
新月の日は、自分の中にある「やりたいこと」と改めて向き合う。

そして流れ星には願いを3回唱えます。

夜

★早く寝る

ここまで読んできて、「朝にそんな悠長なことできない！」と思った人も多いでしょう。

「どうしたらそんな朝が過ごせるのか？」と疑問を抱いた人も多いと思います。

答えはシンプルで、幸せ上手さんは早寝・早起きが習慣。

早起きするためには、早く寝なければいけませんが、「疲れすぎてそんなに早く眠れない」ということもあると思います。

寝る間際までパソコンやスマホで仕事をしたり、メールのチェックをしたり、時間つぶしにネットニュースを追ったり、好きな動画を見たり。こういった習慣的な行為は脳への刺激が強くなかなか眠れなくなります。前作でもお伝えしましたが幸せ上手さんは「寝る前はオフラインで過ごす」。代わりに、好きなハーブ

ティーを飲みながら音楽を聴いたり、本や雑誌を開いたり。家族との時間を楽しんだり、瞑想《めいそう》したり、軽いストレッチもします。

特に疲れた日はしっかり湯船に浸かる。バスソルトやアロマキャンドルで心を落ち着かせる術《すべ》も知っています。

★パジャマを着る

寝る時はパジャマ。部屋着でそのまま就寝することはありません。部屋着は「寝る」ためのものじゃないからです。

幸せ上手さんは肌触りの良い、お気に入りのパジャマを着て、布団に入ります。

またパジャマは寝ている間に汗と厄を吸収しています。**毎日洗濯して、いつもキレイなパジャマで寝るようにするのが運気を金にするコツ。**

★寝る時は愛《いと》おしいモノを言葉にする

干したてのふかふかのお布団
たっぷり生クリームをのせたパンケーキ
鳥のさえずりが聞こえる露天風呂
焼きたての香ばしいクロワッサン
大好きな友達と笑う瞬間
風鈴の音とともに抜ける風
全身に響く花火の音
キラキラした水面
隣でくっついて眠るあの子

「幸運」の兆し

日常生活の中には、
ふとした瞬間に幸運の兆しがあります。
何気ないことですが、幸せ上手さんはそれらをキャッチし、
パワーに変え、大きなチャンスを見逃しません。

太陽

運気を整え、金に導いてくれる太陽ですが、
1日中日光浴をするわけにもいきません。
時間帯によって、もらえるパワーが変わるので、
意識して過ごすと、開運に。

午前6時～午前9時

発想力や直感力を高め、がんばる気力、
新しい何かを生み出すパワーを与えてくれる。

午前9時～午前11時

物事が順調に円滑に進むことを手助け、
これから昇っていく力を与えてくれる。

午後1時～午後3時頃

明るさや暖かさが増し、
盛んな状態を継続させるパワーや
守りの力を与えてくれる。

夕日

夕日は、邪気を浄化し、
行動力をアップさせるパワーを秘めています。
願い事への強いエネルギーを増幅させ、祈願成就に。
その力は夕日の色によって異なります。
夕日に照らされた草木を愛《め》でたり、
香り立つ花々に癒されながら、なりたい自分、
叶えたい願望に思いを馳《は》せ、
ゆっくり散歩をすると大きな幸運を引き寄せます。

黄色系の夕日 金運上昇、開運祈願

ピンク系の夕日 恋愛成就、愛情祈願

紫系の夕日 守護運上昇、健康祈願

オレンジ系の夕日 出会い運や対人運上昇祈願

鳥

街中など、注意して耳を澄ませてもなかなか鳥の鳴き声が聞こえない場所で、さえずり（鳥のラブソング）が聞こえたらそれは幸運の兆し。新しいことを始めたり、自分のためになる行動をすると運気が上昇します。聞こえる時間、聞こえ方に耳を澄ませてみて。

朝から昼に聞こえる鳥のさえずり

あなたを守る〝魔除け〟
その日の幸運の約束、近い未来に小さな幸運の訪れ

昼から夕方に聞こえるさえずり

チュピチュピと複数のさえずりが重なっていると幸運のサイン

夜にさえずりが聞こえたら天からの特別なメッセージ

金のエネルギーが入り好転していく流れ

※ただし警戒の鳴き声が聞こえたら「気を引き締めて」のサイン！

☆☆☆

222

古今東西、いつの時代も、
数字は神秘的なものとつながりが深いと考えられてきました。
ふとした時に見る数字が、何度も何度も同じ数字の組み合わせで、
それに「あ！」と気付いたら、何かのメッセージ。

私が出会ってきた幸せ上手さんは「222」と縁があります。
時計やナンバープレート、何気なく買い物したレシート、
メールの受信時間――「222」ばかりが並ぶんだそうです。
あまりにもその偶然が重なるので不安がる人も多いのですが、
その直後、「そんなことがあっていいの？」と
訝《いぶか》しくなるほどの大きなチャンスが巡ってきました。

「222」を見かけたら、心配を手放して、信じる心を持てば、
奇跡のようにすべてがうまく運ぶでしょう。

幸せ上手さんは「方位」で元気を整える

旅、買い物、ファッション、食——
ときめきを磨き、元気を整えて、
さらにそれらの気を自分自身のものとして
定着させるために知っておくと良いのが自宅の「方位」。
窓を拭いたり、観葉植物を置いたり、
ラッキーカラーのアイテムを意識した
インテリアを配したり。
ピカピカに調えることで、運気アップ。
すべて、一気に変える必要はありません。
大丈夫、できること、気になることから、ゆっくりと。

天星術から見たラッキーカラーと八方位の運気

四季の自然に恵まれてきた日本だからこそ、自然と調和して生活してきました。家の中で方位を味方にすると、良い気が満ちていくというのも、豊かな自然が隣合わせだったから。もちろん現代社会でも応用可能です。

方位を知れば、対策がある。対策をすれば、運気は巡っていきます。難しいことは何もありません。

左の表をご覧ください。天星術による各方位のラッキーカラーと整えると良い影響が出る運気（▨）、放っておくと表出しやすい悪い影響（▨）です。基本は掃除・片付けで整え、意識するだけ――

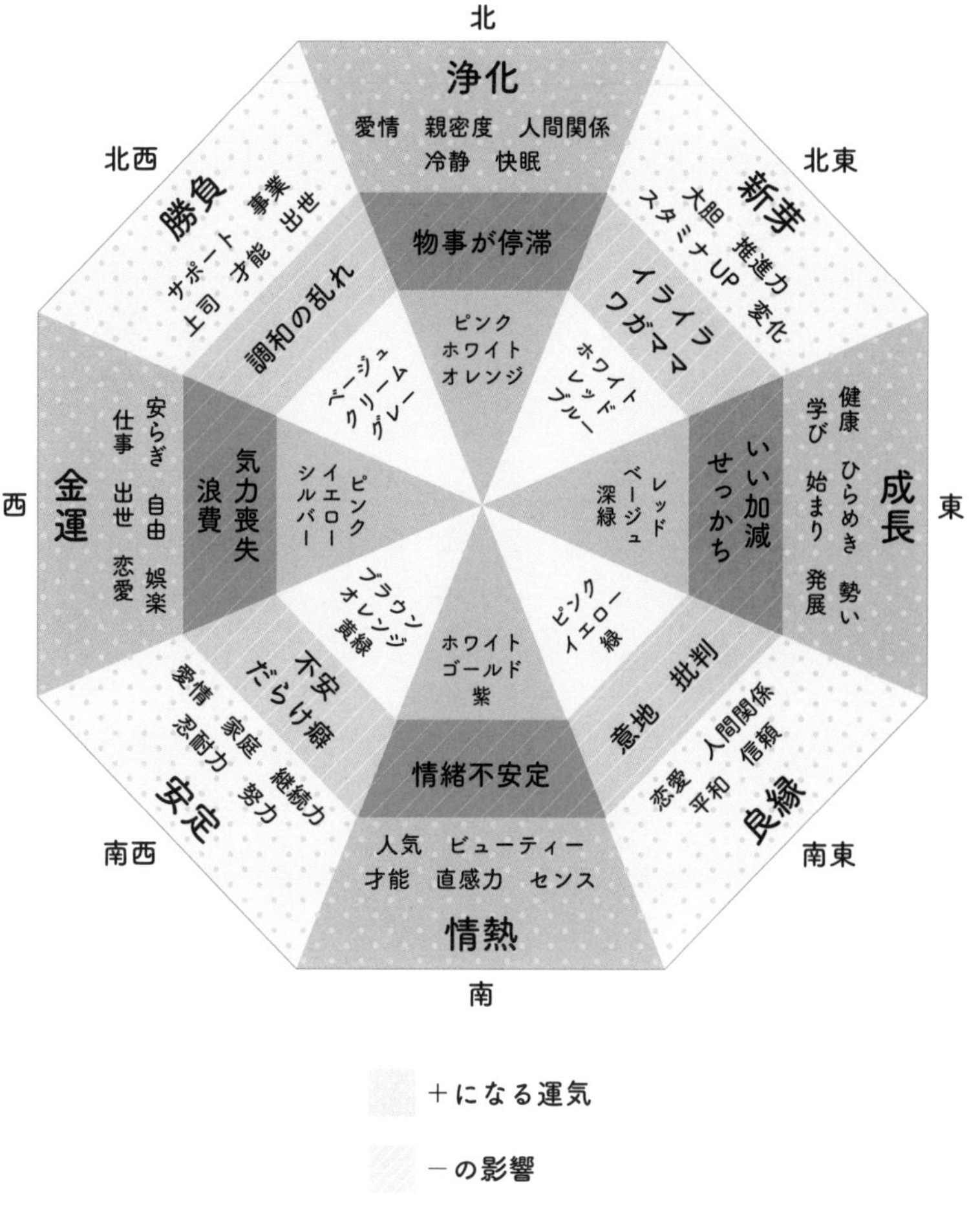
北
浄化
愛情　親密度　人間関係
冷静　快眠
物事が停滞
ピンク
ホワイト
オレンジ
北東
新芽
大胆　推進力
スタミナUP　変化
イライラ
ワガママ
ホワイト
レッド
ブルー
東
成長
健康　勢い
学び　ひらめき
始まり　発展
いい加減
せっかち
レッド
ベージュ
深緑
南東
良縁
人間関係
恋愛　平和　信頼
意地　批判
ピンク
イエロー
緑
南
情熱
人気　ビューティー
才能　直感力　センス
情緒不安定
ホワイト
ゴールド
紫
南西
安定
愛情　家庭
忍耐力　努力　継続力
不安
だらけ癖
ブラウン
オレンジ
黄緑
西
金運
安らぎ　自由　娯楽
仕事　出世　恋愛
気力喪失
浪費
ピンク
イエロー
シルバー
北西
勝負
事業　出世
サポート　才能
上司
調和の乱れ
ベージュ
クリーム
グレー
＋になる運気
－の影響

★「北枕」で寝る

自宅はもちろん、友人知人宅、旅先のホテルや旅館――どんな部屋でも寝る時に、「北枕かどうか」を気にしたことがきっとみなさんあるはず。

日本では、お釈迦《しゃか》様が亡くなった時、頭を北にしていたことから、亡くなった方を北枕にする慣習があり、北枕で寝ると縁起が悪いと言い伝えられてきたからです。

ただ実は幸せ上手さん、快眠できるからと、北枕で寝ていることが多いのです。

地球の磁力の関係で北枕で寝ると血液や気の流れとそろい、疲れが取れやすいと言われているので、理に適《かな》っているんですね。

★「暖色カラーで北」を温める

時間帯で言うと深夜で、暗く、冷たい場所が「北」。物事を冷静に考え、自分自身や人間関係を浄化するように意識すると運気が整っていきます。

そうは言っても、目を離すと、暗く、冷たい運気が溜まりやすくなる場所なので、温める。間接照明を置いたり、カーテンやラグはピンクやオレンジなど暖色系を選んでみて。気持ちが明るくなるような楽しい絵や写真を飾る幸せ上手さんもいます。

玄関が北にある場合も同じように色やアイテムで温めると、人間関係が安定し、特に仕事運がアップします。

★「北東は風通し」を第一に

「草木も眠る丑三《うしみ》つ時」にあたるのが「北東」です。こ夜から朝へ切り替わる時間帯で、「変化」の象徴。この場所をキレイにすると、大胆さや推進力が増し、新しい機運に恵まれます。

風水では「鬼門」。悪気が溜まりやすいといわれるのは、暗くじめじめしている場所だから。家の中でも北東は特に風通しを良くし、キレイに保つのが大事。

マットやタオルの色にはホワイトを選び、トイレのふたは必ず閉めるのがコツ。

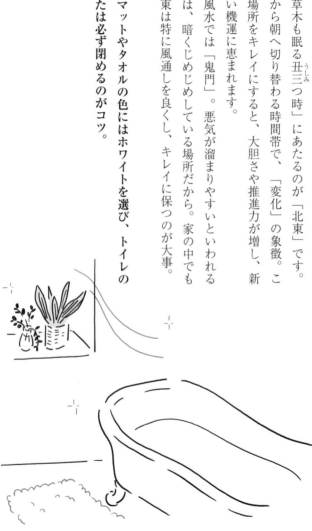

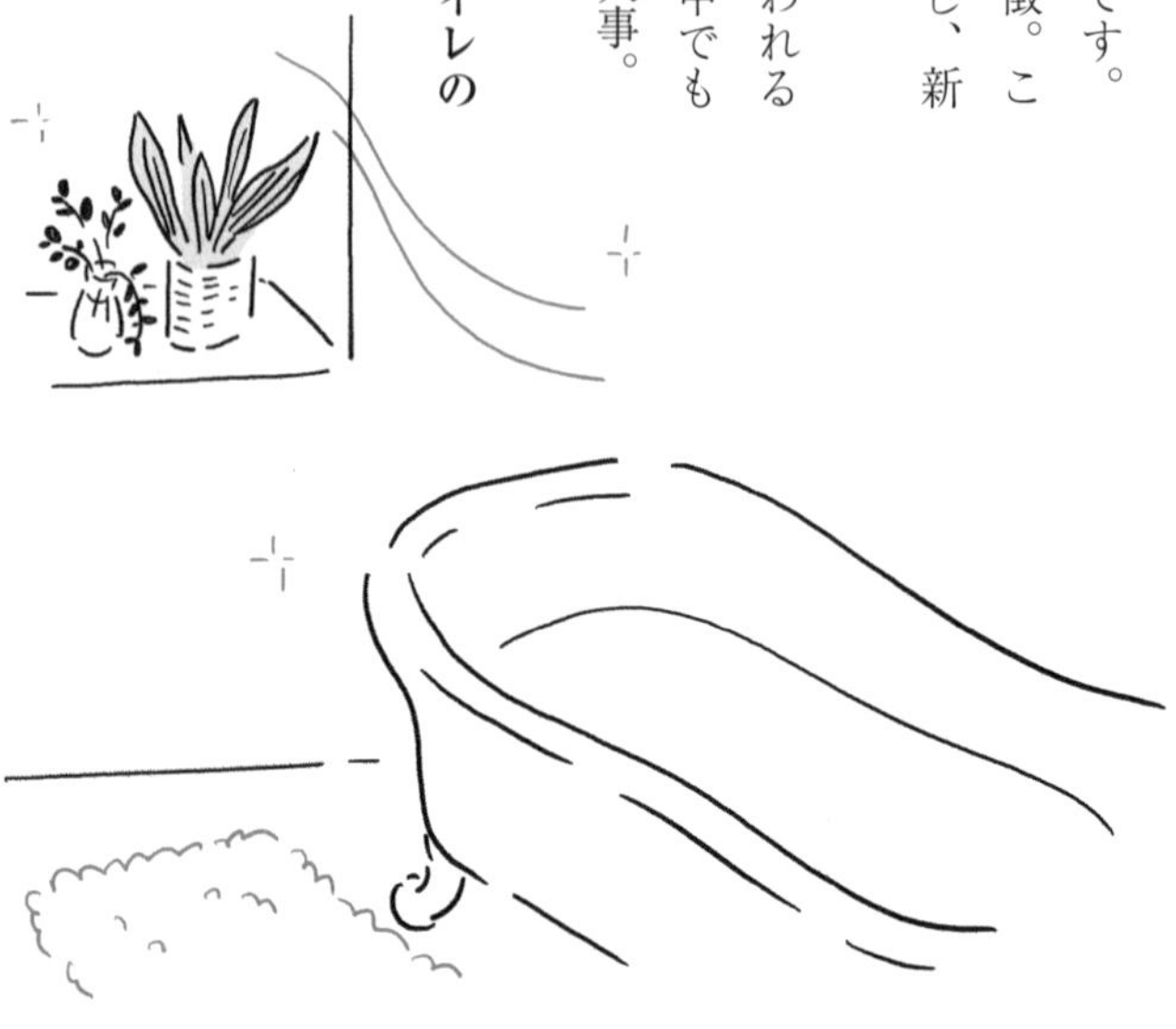

★「一輪挿しを北東」に置く

整っていないとイライラ、ワガママを招いてしまう方位。一輪挿しで封印できます。金属製やガラス製の花器を選び、赤系のカーネーション、スイートピーが吉。

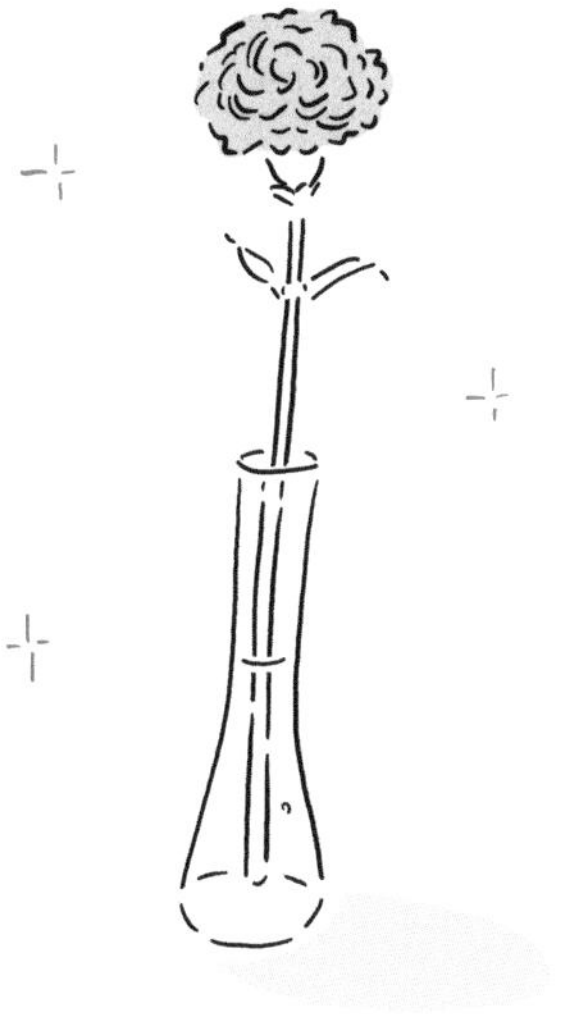

★
「東に観葉植物」で邪気祓い

太陽が昇ってくる東は、「成長」の象徴。整えることで、勇気が湧き、勢いが増すので、さらなる発展や新しいスタートを前にしている時は、叶えたい願いを口にしながら念入りに掃除をすると吉。

さらに観葉植物を置くと誘惑など成長を妨げるものから守ってくれます。上に向かってぐんぐん伸びるサンスベリアや全体運に効果があるパキラがオススメ。

★「アクセサリーは南東」で保管

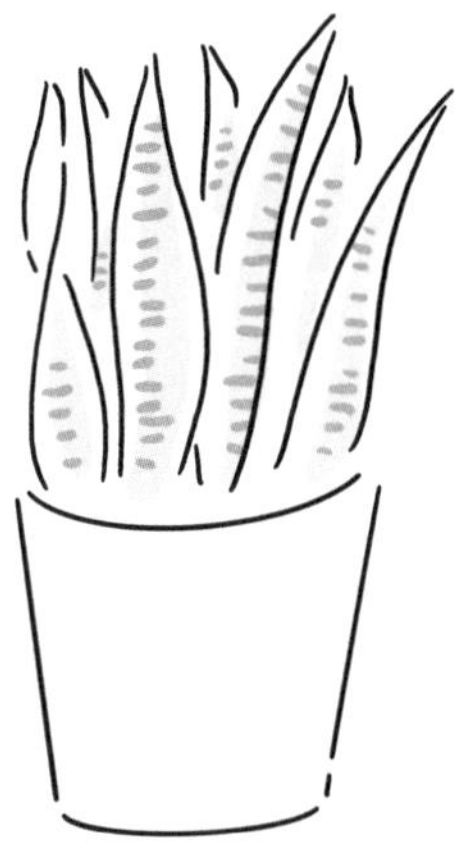

太陽の光が降り注ぐ時間帯にある「南東」。キラキラとした強いパワーにあふれ、恋愛でも仕事でも、人生において〝良縁〟を運んできてくれる方位。**大きな力のある場所なのでネックレスや指輪などのアクセサリーは南東で保管するのがコツ。**大きな幸運を引き寄せます。

★「南にインテリアで南国ムード」を演出

1日の中で太陽がいちばん高く昇り、熱く、きらめく南は「情熱」を意味します。勘や才能、ひらめきや美しさなどにパワーを発揮。

幸せ上手さんはこの方位にビーチの絵やイルカのウォールステッカー、貝殻のオブジェなど南国風のインテリアを飾っています。

情熱のあまり急ぎすぎて冷静さを欠いてしまうことがなくなり、穏やかな状態がキープできるんだそう。人目を気にして焦る気持ちを収める効果も。

★好きな香りの「ルームディフューザーは南西」がベスト

鬼門にあたる「北東」の対角線にある「南西」は裏鬼門と呼ばれ、ここも特に清潔にしておくべき場所。西日が入るので、食べ物が腐りやすく、キッチンには不向きと言われていますが、清潔にしておけば問題ありません。

食器はすぐに洗う、枯れた花や植物を放置しない、使ったものは定位置の〝住所〟へ戻す。基本的な掃除・片付けを徹底すると、安定した運気となります。

さらに**リラックスできる良い香りが運気を金にするコツ。**好きな香りのルームディフューザーはここに。

★「西に胡蝶蘭《こちょうらん》」を飾る

時間帯で言うと夕方5時～7時頃、太陽の沈んでいく時間帯。夕飯を準備したり、いただいたり、家族団らんの時間だという人も多いでしょう。この方位は、豊かさや楽しいワクワクをもたらしてくれます。

インテリアは上質なものを選んで置くようにすると「金」の気が溜まります。また「なくても困らないけど、あると嬉しい」ものを取り入れるのもコツ。例えば、肌触りに癒されるクッション、座り心地のよいガーデンチェア、掛け軸や洋書など。

さらに小さくてもいいので、鉢植えの胡蝶蘭を飾ると運気が金に導かれます。ちなみに胡蝶蘭の花言葉は「幸運が飛んでくる」。

★「仕事グッズは西〜北西」に置く

西〜北西を整えると勝負運が上がるので、仕事用のバッグ、パソコン、スマホなどを置いておくと成功運がアップ。

またトロフィーや賞状などを飾るのも大きな成功につながります。

★「北西は四角より丸」を意識

この方位をキレイに保つと周囲のサポートや目上の人からの引き立ても。四角より丸を意識すると人間関係が円滑になります。例えば時計なら丸い形のものを、花瓶も角ばったものより丸いシルエットのものがオススメ。

私の出会った幸せ上手さんの習慣のひとつに、「北西を向いて丸いおにぎりを食べて勝負」があります。具材はおかか。大きなチャンスをつかんでいます。

STEP 3

人の気で
運気を金にする

自分とまったく同じ考えの人はいないので、
誰かと出会いつながれば、ぶつかったり、
すれ違ったりすることは避けられません。だからといって
幸せ上手さんは人との出会いをないがしろにしません。
むしろ縁を大事にして、つなげていきます。
1人より、2人。2人より、3人——
良い気は集まれば集まるほど、
よりピカピカな運気に導かれていくもの。
STEP 3では磨いて、整った運気を金にしていく
人間関係のコツをお伝えしたいと思います。

幸せ上手さんは「つながって」運気を金にする

人を喜ばせたり、楽しませるのが大好きな
幸せ上手さんはモテます。
磨かれ、整った陽の気は、
とても魅力的で人を引きつけるからです。
一緒にときめく時間を共有することで、
縁はぐっと深くなり、
人から人へとどんどんつながっていき、
より大きな幸運を引き寄せます。

★思い通りにならなくても相手を大切に思う

「自分ファースト」「自分軸」という言葉が当たり前になり、何かを我慢せず、自由に好きなことをして生きても大丈夫なんだ、という世の中になりましたが、以前より、悩みや衝突、イライラしたり、怒ったりすることが少なくなったと思いますか？　実は人間関係の悩みは増えています。自由にしたいのに思い通りにいかないからか、自分が強過ぎて周りとぶつかってしまうのか。そもそもすべては思い通りになんていきません。

思い通りになるのは自分自身だけ。ご機嫌にするのも、不機嫌にするのも、幸せにするのも、不幸せにするのも。なりたい自分へ自由に導けるのは自分自身だけなんです。

「自分ファースト」「自分軸」は、「自分を大切にする」との意味を持ったポジティブでとても素敵な言葉です。それは自分勝手をしていいということではありません。自分が良ければ、相手を傷つけていいということでもない。

人は誰かとつながって生きています。自分の考えや気持ちが、相手とまったく同じことはありません。自分を大切にできる人は、他人も大切にします。自分と出会ってくれて、つながってくれたから、と――

★縁を大切にする

ほとんど初対面なのに妙に馬が合う人もいれば、生理的に好きじゃない人も当然いるはずです。中学生の頃はただのクラスメイトで、別のクラスに大好きな彼氏がいたのに、十数年ぶりの同窓会で再会して、ときめいて結婚したのは、ただのクラスメイトの彼、なんてことも聞きます。学生時代は家族ぐるみで仲良しだったのに、結婚した途端、疎遠になった友達もいるでしょう。

人と人がただ出会う確率は24万分の1。親しく会話をする人と関係を持つ確率が２４００万分の１くらいと言われています。

一生かかっても出会えない人の方が多い中で、会話をする仲になる人と出会うのはほとんど奇跡です。偶然と決めつけて好き嫌いで遠ざけるのはもったいない。すべての縁は必然で意味がある。たとえあまり良くないウワサがある人でも、先入観を持たずにまずは素直な気持ちで接してみてください。

嫌いな人でも「もしかしたら何か私の気付きになるのかも」「私なら好きなところが見つけられる！」などと宝探しをするのも運気を金にするコツ。

★「さすが」「幸せ」「素敵」「すごい」「センス良い」「そうなんだ」

人付き合いの「さ」「し」「す」「せ」「そ」があります。

相手が新しい髪型になったら「すごく新鮮！　素敵」といち早く気付く。新しい服を着ていたら「すごく似合ってる！　そういうタイプのファッションもできるなんてセンスが良い！」と賞賛。自分が知らない情報を教えてくれたら「そうなんだ、知らなかった！　さすが!!」と共感して褒める。手助けしてもらったら「あなたと友達で幸せ」――

日本には「謙遜」の文化があるので、ついつい「いやいやいや」と言ってしまいがちですが、そういう時こそ、笑顔で「ありがとう」と素直に受け取る。

「どうせ社交辞令でしょ？」

「心にもないことを言って」

などと言葉の〝裏〟を探る人は幸せ下手さんです。

幸せになれるかどうかは自分しだい。たいていのものがそろうコンビニ、24時間365日いつでもどこでも買い物ができるスマホもありますが、幸せは自分の中で慈しみ育てるもの。お金では買えません。

★とにかく「ありがとう」と言う

誰かが運んできてくれる、ポジティブな言葉や行動に対して素直に「ありがとう」と言う。

「ありがとう」は魔法の言葉。口にする時、自然と明るく、柔らかな表情になっているはず。口角がきゅっと上がって、笑顔を浮かべているでしょう。

毎日のささやかな出来事にも、喜びや幸せを実感したら「ありがとう」。例えばリビングの観葉植物が緑豊かに生い茂っていたら「元気でありがとう」。夕飯をいただくことができたら、作ってくれた人に「おいしい！　ありがとう」。夜、ゆったりした気持ちで布団に入ることができたら「今日も1日ありがとう」。

そうすることで感謝の気持ちが育ち、自分がどれだけ恵まれているか考えられる。とっても澄んだ気に包まれていくでしょう。

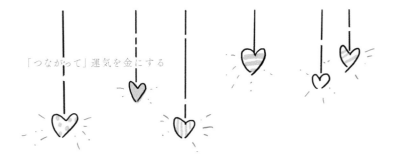

★ご先祖様とつながる

「がんばります」「幸せになります」――ご先祖様に思いを馳せ、自分の決意などを報告してつながるのも幸せ上手さん。

特に春と秋のお彼岸は大切な行事。お墓やその周りをキレイに掃除し、季節のお花を飾り、お供え物をします。春のお彼岸にはぼたもち、秋のお彼岸はおはぎを食べます。名前は違いますが、春に咲くぼたん、秋に咲く萩から、そう呼ばれている小豆の和菓子。小豆には厄祓いの効果があるほか、人気運や才能を高めたりするなど運気を金にするパワーがあります。

同様にお正月やお盆に実家へ帰省する時もご先祖様にご挨拶を欠かしません。そもそもお盆やお正月は行動しだいでは大きな幸運を呼び込める日。故郷の懐かしい空気、慣れ親しんだ味は、原点に戻るパワーがあり、緊張感がほぐれ、素直な気持ちになれます。

★ 神様ともつながる

日本には「八百万《やおよろず》の神」という言葉があるように、数え切れないほどの神様がいらっしゃり、神社に祀《まつ》られています。きっと少し歩けば「稲荷」「八幡」「天神」「天満宮」があるはず。**心を落ち着け、神様に手を合わせるのも運気を金にするコツ。**

稲荷《いなり》
農業の神様。神社系の中で最大規模。大小合わせて3万社以上とも。総本社は京都の伏見《ふしみ》稲荷。
商売繁盛

八幡《はちまん》
第15代応神《おうじん》天皇が御祭神。源頼家《みなもとのよりいえ》が京都の石清《いわし》水《みず》八幡宮に必勝祈願した歴史がある。
勝負運 金運

天神《てんじん》・天満宮《てんまんぐう》
役人、学者、政治家、詩人として傑出した才能のあった菅原道真《すがわらのみちざね》公を祀る。
学業成就

神宮《じんぐう》
天皇や皇室の祖先神を御祭神とする。開運の神様として崇《あが》められている。
全体運

★「してもらう」じゃなくて「してあげたい」

恋愛や結婚生活がわかりやすいので例に出しますね。

「聞いてください！　彼氏が私たちの記念日を忘れていたんです。もうきっと私のこと好きじゃない。でも私はまだ好き。どうしたらいいですか？」

「夫が何にもしてくれない。家事も育児も私ばっかり！　〝幸せにしてあげる〟って言うから結婚してあげたのに、許せない!!」

「運」の基本は「動く」ことですから、誰かに相談したり、占いに行くのは、「変わりたい」と思っている証拠で吉。ただし、「誰かが変えてくれる」「占いが変えてくれる」と期待していては、動いていることになりません。

運気を金にするには、あくまで自分が動くこと。**相手に「幸せにしてもらいたい」ではなく、相手を「幸せにしたい」を意識するのがコツ。**

近所の人でも、職場の人でも、挨拶され待ちではなく、いつも自分から「おはよう」「こんにちは」「こんばんは」「さようなら」。「無視されたら嫌だな」と考えるのではなく、相手に幸せを届けようという気持ちがポイント。

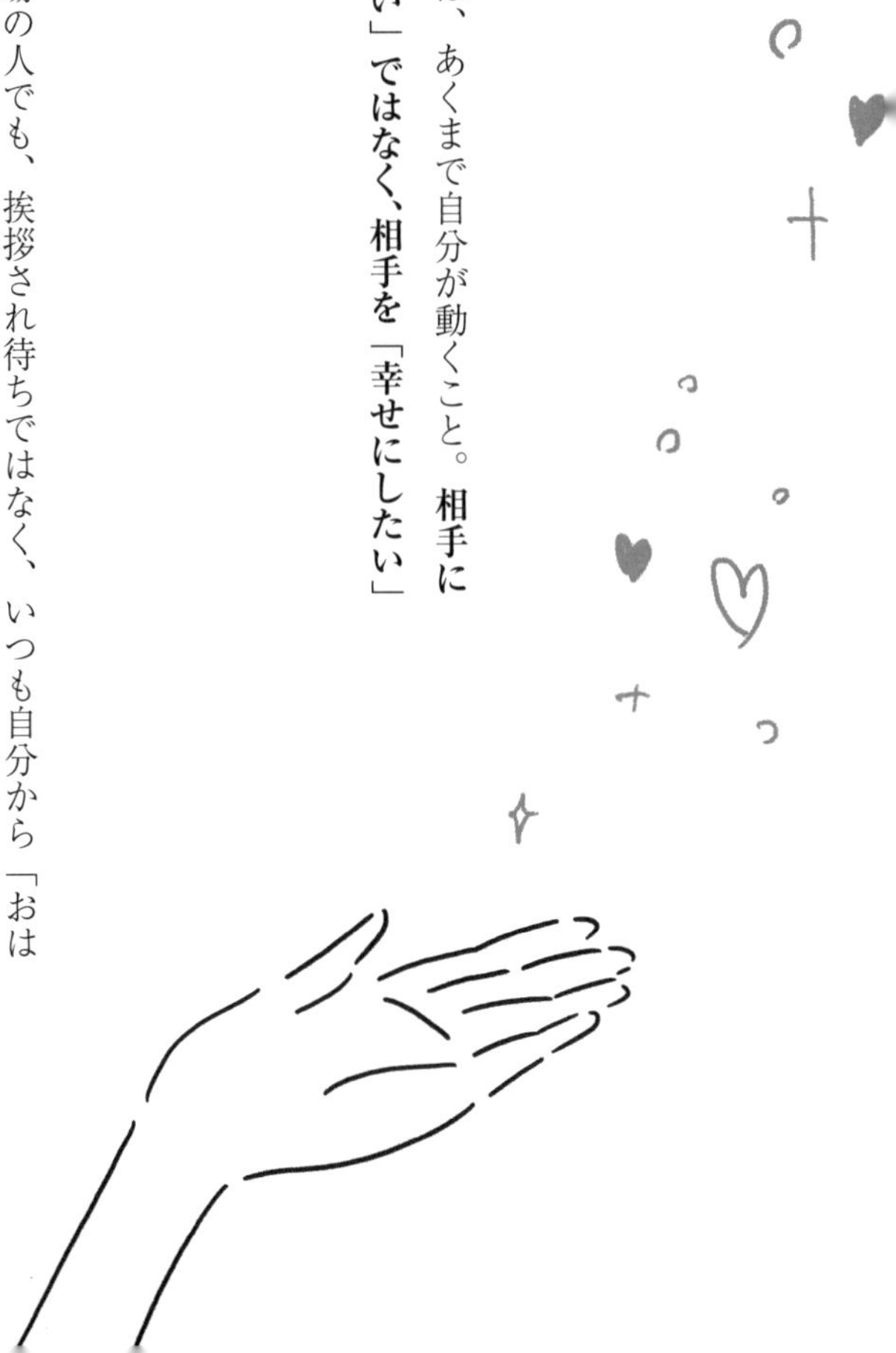

★パーティーやお祭りが好き

おもてなしが好きで、楽しいことが好きな幸せ上手さんは、何かにつけてホームパーティーを催したり、参加したり、お祭りにも出かけます。

良い波動は、幸せそうな笑顔や笑い声にあふれた場所が大好き。**桃の節句《せっく》や端《たん》午《ご》の節句、七夕《たなばた》や十五夜《じゅうごや》、重陽《ちょうよう》の節句など季節の行事にかこつけて、父の日や母の日、敬老の日に感謝の気持ちを込めて、気心の知れたメンバーで宴《うたげ》をするのが運気を金にするコツ。**

ちなみに宴会好きの幸せ上手さんはお花見を3回します。最初は咲き始め。生命力や未来の象徴なので夢をつぶやきながらお花見をします。次は繁栄や財力の象徴である満開の時。家族や大切な人の幸せに感謝しながら楽しみます。最後は桜吹雪の頃。浄化や厄除けになるので、嫌なことを手放しより良い幸せを願う。さらに桜吹雪に財布をかざすと金運アップ効果が見込めます。お花見をする時間帯は夜より桜の花が天に向かって開いている昼がオススメ。より強くて良い波動が満ちているからです。

桜の花には、幸せな時間を過ごさせてもらえたことに対する「ありがとう」の気持ちを添えるのが運気を金にするコツ。また見る場所によって効果も変わります。

桜並木	恋愛運　人間関係
山の桜	金運
公園の桜	健康運　家庭運
川沿いの桜	厄除け　浄化

★〝わらしべ長者〟になる

古くから伝わる『わらしべ長者』は、持たざる人が、わずかなものから物々交換を経て、最後に高価なものを手に入れる物語。私はこの話が大好きです。もしかしたら「嫌だな」と思うリクエストがあったかもしれない。「その交換はちょっと受け入れられない」と思ったこともあったはず。それでも求められることに応えたり、困った人を助けたのは、**損得勘定抜きで相手を喜ばせたかったから。そして、幸せにしたかったから。わらしべ長者さんは運気を見事な金に変えましたが、この考え方こそ幸せになるコツ**です。

贈り物

★新しい人間関係を築くためには麺類のギフトを

つながり上手の幸せ上手さんは、お祝いやお礼、訪問などのシーンに素敵なギフトを用意します。運気を金にする始まりのひとつは「相手のことを思う」。好きなもの、似合うもの、などを想像しながら対人運を上げていきます。

細く長いお付き合いをしたい時はうどんや蕎麦《そば》。
深く付き合っていきたい時はパスタ。
縁を増やしていきたい時はラーメン。

※贈ってはいけないものは、キャンドルやライター。
人間関係が炎上する可能性が。

★特別なお礼にはマカロンを贈る

お菓子の形は丸いものが開運ですが、中でもマカロンは特別。個数は偶数が吉。ちなみにキャンディは「大切な気持ちがいっぱい」という意味、クッキーは「LIKE」の意味があるので恋人より友達向き。

※贈ってはいけないものは、グミやマシュマロ。「好きではない」「嫌い」の意味が。

★訪問時のギフトは食べたことがある自信のモノを

あなたが住んでいる街や地元で人気・話題のものは大きなエネルギーで縁を強

くしてくれます。またその土地の伝統的なものは特別なエネルギーを有しているのでオススメ。**いずれも実際食べたことがあって、自慢できる自信の逸品を選ぶのがコツ。**

※贈ってはいけないものは法事を連想させる焼海苔《のり》。「縁が切れる」を意味することも。

人生儀礼でつながる

誰かと一緒に楽しい時間を共有して、ときめいたり、
元気になっていく幸せ上手さん。
特に誕生日は、自分のグレードがひとつ上がる日でもあるので、
とっても大事な１日です。
自分自身はもちろん、家族、親戚、友人など大切な人の
誕生にちなんだ「人生儀礼」をしっかり過ごすことで、
縁がつながり、運気を金に導いていけます。

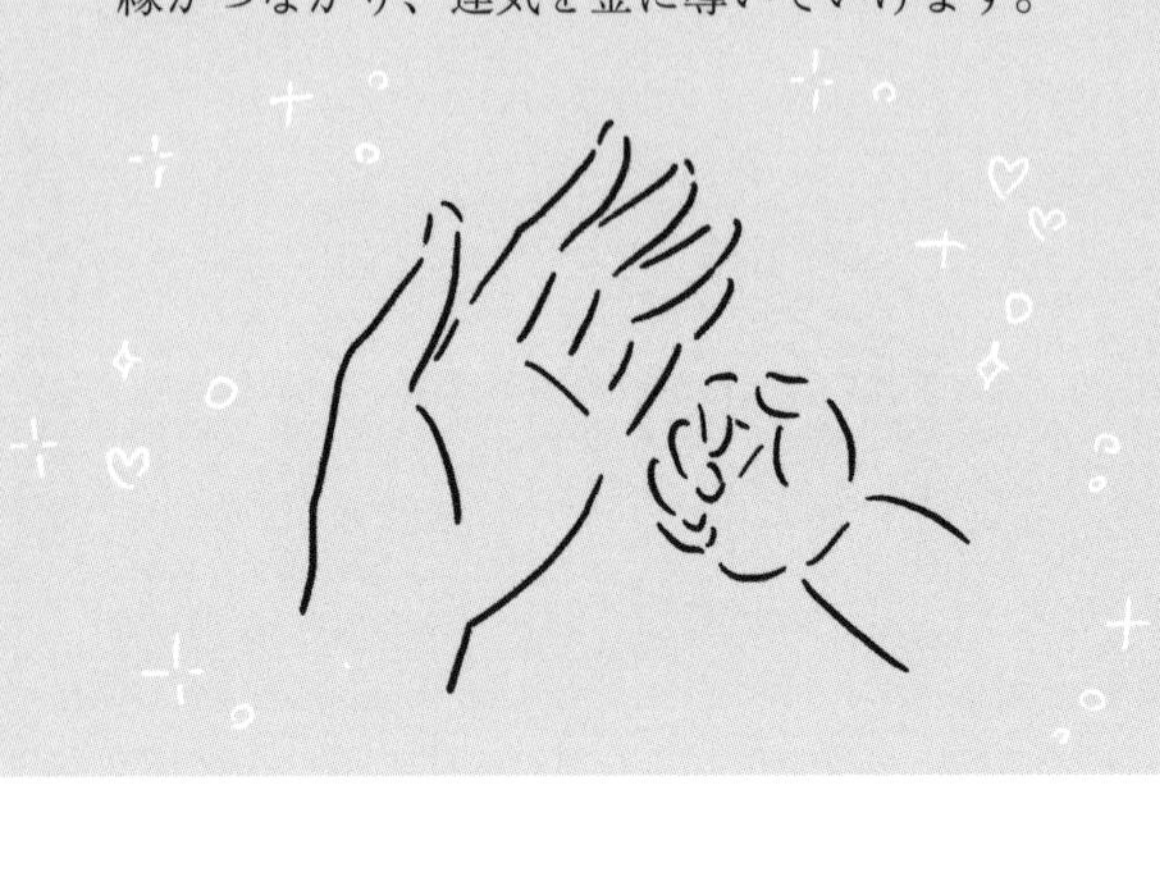

お七夜《しちや》

赤ちゃんの成長を願う儀式で、生後7日目にするお祝い。医療が発達していなかった時代、赤ちゃんの生後7日目がひとつの節目とされていた。現在は生後14日以内に出生届を提出することになっているが、古くはこの日に命名式を執り行っていた。

一般的な縁起物を取り入れた祝い膳

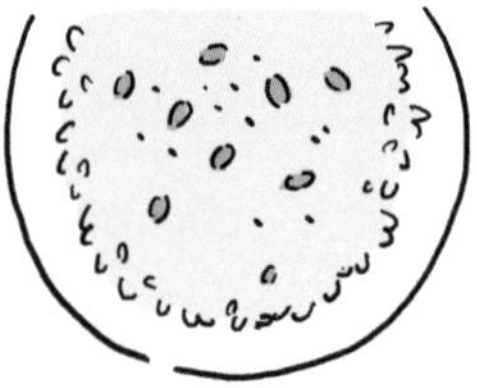

赤飯

古くは神様に赤米《あかごめ》を炊いて供える風習があった。「赤」には邪気を祓う力があるとされた。また赤飯を食べることによって縁起直し（縁起が悪いことを良くなるように祝い直すこと）をする意味も。

尾頭付きの鯛《たい》

頭から尾までなので「ひとつのことを最初から最後までまっとうする」。

蛤《はまぐり》のお吸い物

2枚の殻がぴったりと重なる蛤のように、「将来、良い伴侶との縁に恵まれるように」との願い。

紅白なます

赤は厄除け、白は浄化。大根は大地に根を張って強く生きてほしいとの願い。

筑前煮《ちくぜんに》

れんこんは「先を見通せるように」。ごぼうは「末永い繁栄」。亀の甲羅のように六角形に飾り切りしたしいたけは「長寿」を願って。梅の花のように飾り切りしたにんじんの「ねじり梅」は、春にどんな植物よりも先に花を咲かせ、「生活の豊かさ」を願う象徴。真ん中をねじったねじりこんにゃくは「良縁」の意。

ちなみに「れんこん」「にんじん」「こんにゃく」「大根」のように「ん」がつく食材は「運」がつく縁起物。

昆布《こぶ》巻き

昆布は「喜ぶ」、巻くは「結び」。

初誕生

昔は、すべての人が元日にひとつ年を取る「数え年」。誕生日を盛大に祝うことはなかったものの、生後1年目の「初誕生」だけは特別で、現在もその習慣が残っている。

　ちょうど立ち歩きを始める頃の「歩き祝い」は、一升餅《いっしょうもち》、あるいは、一升の餅米を背負ったり、それらを踏んだり、地域によってさまざま。一升は「一生」、餅は「力持ち」を意味して、一生食べ物に困らず、健やかに育ってほしい、との願いが込められている。

寿

七五三

平安貴族の子供が成長に合わせて髪型や衣服を変えていく儀式に由来。「11月15日」であることには諸説あり。インドの暦注（暦に記載される日時・方位などの吉凶、運勢など）で、この日は「鬼宿日《きしゅくにち》」。鬼が自分の家から出ない日とされており、婚礼以外であれば、物事を行うのに最良の日とされている。現在は、この日に限らず、この時期の都合の良い日にお参りに行くことが多い。

一般的な祝い膳のほか、「千歳飴《ちとせあめ》」を食べる。「千歳」には「千年」「長い年月」の意味があり、棒状に長く伸びた形状にちなんで子供の長寿を願う気持ちが込められている。また袋にも縁起の良い絵が描かれる。

松

通年、緑を保つ松は、樹齢数百年になることもあり長寿の象徴。

竹

まっすぐ空に向かって伸び、大地に根を張って新芽を出す竹は子孫繁栄の意。

梅

2〜3月でも香り豊かな花を咲かせることから、生命力や気高さを表す。

鶴

鳴き声が遠くまでよく響き、神様にまで声が届くというめでたい鳥。

亀

古来より中国では、仙人の使いとされる。甲羅の六角形は吉兆を表す。

長寿の祝い

奈良時代に日本に伝わり、当時長寿と考えられていた40歳から10年ごとに行われていた中国の習わし。現在では、満60歳の還暦《かんれき》から祝うのが一般的に。

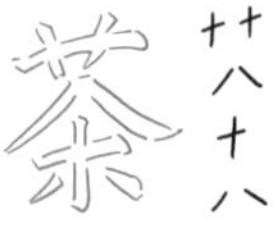

還暦

満60歳
数え61歳

「元の暦に還《かえ》る」という意味。暦は、方角や時刻を示す十二支（子・丑・寅・卯・辰・巳・午・未・申・酉・戌・亥）と、十をひとくくりにする数詞の十干《じっかん》（甲・乙・丙・丁・戊・己・庚・辛・壬・癸）を組み合わせた60種類の干支と関係。生まれて60年経《た》つと、この60種の干支が一巡する。

古稀《こき》

満69歳
数え70歳

中国・唐の詩人である杜甫《とほ》の詩の一節【人生七十古来稀なり】（昔から70歳まで生きることは珍しいことだ）に基づく。

喜寿《きじゅ》

満76歳
数え77歳

「喜」の草書体が「七十七」に見えることに由来。「喜の字の祝い」「喜の祝い」などともいう。

傘寿《さんじゅ》

満79歳
数え80歳

「傘」の略字が「八十」に見えることに由来。八十寿《やそじゅ》ともいう。

米寿《べいじゅ》

満87歳
数え88歳

「米」の字をばらばらにすると「八十八」になることに由来。「米（よね）の祝い」ともいう。

卒寿《そつじゅ》

満89歳
数え90歳

「卒」の略字が「九十」に見えることに由来。

白寿《はくじゅ》

満98歳
数え99歳

「百」の字から、1画目の「一」を取ると「白」になることに由来。

百寿《ひゃくじゅ》

満99歳
数え100歳

100歳を祝う名称。60歳を「下寿《かじゅ》」、80歳を「中寿《ちゅうじゅ》」、100歳を「上寿《じょうじゅ》」と呼ぶことも。

茶寿《ちゃじゅ》

満107歳
数え108歳

「茶」は、冠部分が「十」が2つと、脚が「八十八」にわけられ、これを足すと「108」になることに由来。

皇寿《こうじゅ》

満110歳
数え111歳

「皇」の「白」が白寿の考え方から「九十九」。「王」は「十」と「二」からなり、これらを足すと「111」になることに由来。

厄年《やくどし》

平安時代に盛んだった陰陽道で、その年齢になるとさまざまな災厄が降りかかるとされてきた。陰陽道とは、中国古代の陰陽五行説に基づいて形成された思想。

厄年にあたる年齢は、精神的・肉体的にも変化が起こりやすく、また環境の変化も大きく、想定外の災難に遭ったりすることが多い人生の節目。

男性の厄年は、数え年で25歳、42歳、61歳。42歳が最も注意すべき大厄。女性は、数え年で19歳、33歳、37歳で、大厄は33歳。「散々」に通じるとの説もあり。

男女ともに前後含めた3年間は注意が必要。厄年の前年は、厄の前兆が出始める「前《まえ》厄《やく》」、本厄後の1年は「後厄《あとやく》」。

やると良いこと

神社で厄祓い・お寺で厄除け

お祓いを受けたり、身を清める。

部屋の整理整頓

心の切り替えのため、本当に必要なものだけを持つ。

セルフメンテナンス

健康診断、歯の治療など普段見逃している不調を整える。

やってはいけないこと

大きな挑戦

人間関係のトラブルが起きやすいので、本来の力が発揮できない。

長距離移動

体力を消耗しがちな期間なので、大きな旅行は避ける。

家の新築やマンション購入

判断力が鈍りやすい時期なので、後悔する可能性大。
引っ越ししなければいけない状況なら借家がオススメ。

厄年は人生の充電期間。自分の生き方をじっくり見直し、
神様や仏様に感謝する時期と考え、過剰に不安にならないことが、
運気を金に導くコツ。

幸せ上手さんは「手放して」運気を金にする

つながっていく中で、
「どうしても合わないな」と思う縁も出てきます。
そんな時幸せ上手さんはうまく手放していきます。
例えば、悪口やグチが多い人とは距離を置くし、
ネガティブな話、後ろ向きな話ばかりする人とは
無理して付き合いません。
大切な時間を「何か嫌だな」と思いながら過ごすより、
一緒にいたら楽しい人とワクワクすることをするだけ。
そうしているうちに、
自然と周りが陽の気で満ちていきます――

★心のわだかまりに振り回されない

どんな辛《つら》い記憶も、どんな悲しい思い出も、いまは〝あの日〟からいちばん遠い日。

視点を過去に向けていると、心のわだかまりは消えるどころかどんどん大きくなっていきます。辛い記憶、悲しい思い出がトラウマとなってあなたを振り回すからです。

人生のすべては一時的なこと。
雨が降っても必ず太陽が出る。
転んで膝をすりむいても、いつかは癒える。

今日を、あなたの人生でいちばん良い日に変えられるのはあなただけ。

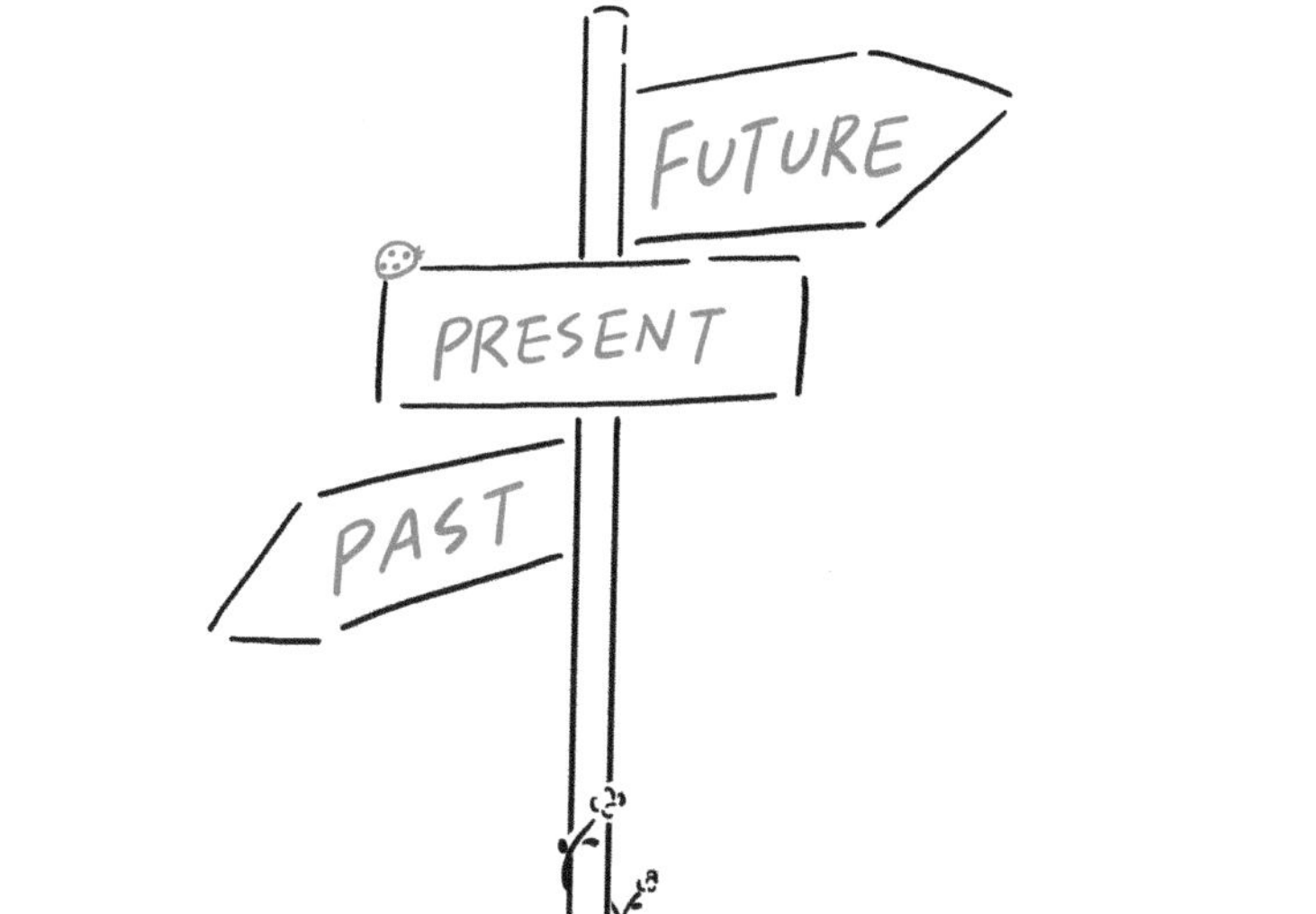
FUTURE
PRESENT
PAST

★ 自分を値下げしない

繰り返しになりますが、**自分を大切にすることが、運気を金にする最大のコツ**。幸せになれるかどうかはあなたが決められます。自分を心から大切にして、尊重していれば、周りもあなたを大切にし、尊重するでしょう。

何かにつけて「どうせ私なんて」と自分を値下げするのはやめましょう。間違ってもいい。失敗してもいい。誰かに責められたり、怒られても、あなただけはあなたの味方でいてください。自分自身を愛し、受け入れ、大切にすること。あっという間に良い波動で包まれていきます。

★ネガティブな感情にとらわれない

悪口やグチ、イライラしたり、怒ったり——ネガティブな感情には悪い波動がつきまといます。もし周りにそういう人がいたら距離を置く。自分の中に湧き上がってきたら、大きく3回深呼吸。

★ウワサ話の輪に入らない

決めつけばかりのウワサ話。「○○さんが〜って言ってたらしい」やネットの書き込みなど、ほとんど実体がありません。自分では見聞きしていないことに夢中になって振り回される時間なんてもったいない！

ワクワクやときめきを見つけたり、探したり、大切な人との縁を深めていく時間に費やすのが、運気を金にするコツ。

★怒りに身を任せない

「怒らない」というのは難しいことです。怒りに任せた興奮状態で言葉を発すると、多かれ少なかれ後悔する。頭に来ることがあったら、深呼吸して10秒数えましょう。

ずっとその怒りを持ち続けるのも不幸せ。怒りの記憶をいつまでも忘れずに過ごすより、相手にチャンスを与える。自分が謝る必要があれば素直に謝る。

★思い込みをやめる

すでにお話ししましたが、例えば、北枕で寝ること。一般的に運気が悪くなると言われてきましたが、実は幸せ上手さんは、「ぐっすり眠れる」「疲れが取れる」などと言い、北枕で寝ています。

また前作でお伝えしていますが、トイレに本や雑誌を置くことは、風水的には情報が流れていくからNGアクションですが、幸せ上手さんは、トイレは最高のリラックス空間だからこそ「集中できる」「楽しめる」と言い、本や雑誌を置いています。

時には立ち止まって、思い込みや決めつけになっていないか考えることが運気を金にするコツ。

人間関係においてもそうです。偏見で誰かを判断するより、「そうじゃないかも」と相手に興味を持って、出会った縁に感謝する。想像もできないワクワクする展開が待っているかもしれません。

★なくなっていい縁もある

縁は大事にした方がいいのですが、どうしても合わない人とつながり続ける必要はありません。あなたを軽んじる人と我慢や無理をしてまで一緒にいるとネガティブな感情を生むので、運気は金になっていきません。
また「ＮＯ」と言って離れていく縁は、その時のあなたにとって重要な縁ではないでしょう。あくまでも大事なのは自分を大切にすること。

パートナーから別れを切り出された、採用試験に落ちた、引っ越ししようと思っていた物件にすでに申し込みが入っていた――
人生のさまざまな出来事でうまくいかないことは確かにあります。そんな時、「あの時ああしていれば良かった」などと自分を責め、過去にとらわれるのは幸せ下手さんです。

幸せ上手さんは、そういう時こそチャンスと考えます。

「パートナーに振られたけど、もっと良い人に出会える！」

「採用されなかったけどもっと良い会社に入るための経験」

「絶対もっと良い条件の物件に出会える！」


悪い言葉を放てば影となり、良い言葉を放てば光となる。目の前で起きている出来事はひとつですが、どう表現するかはあなたしだい。自分を信じた分だけ、弱さが強さに変わっていきます。

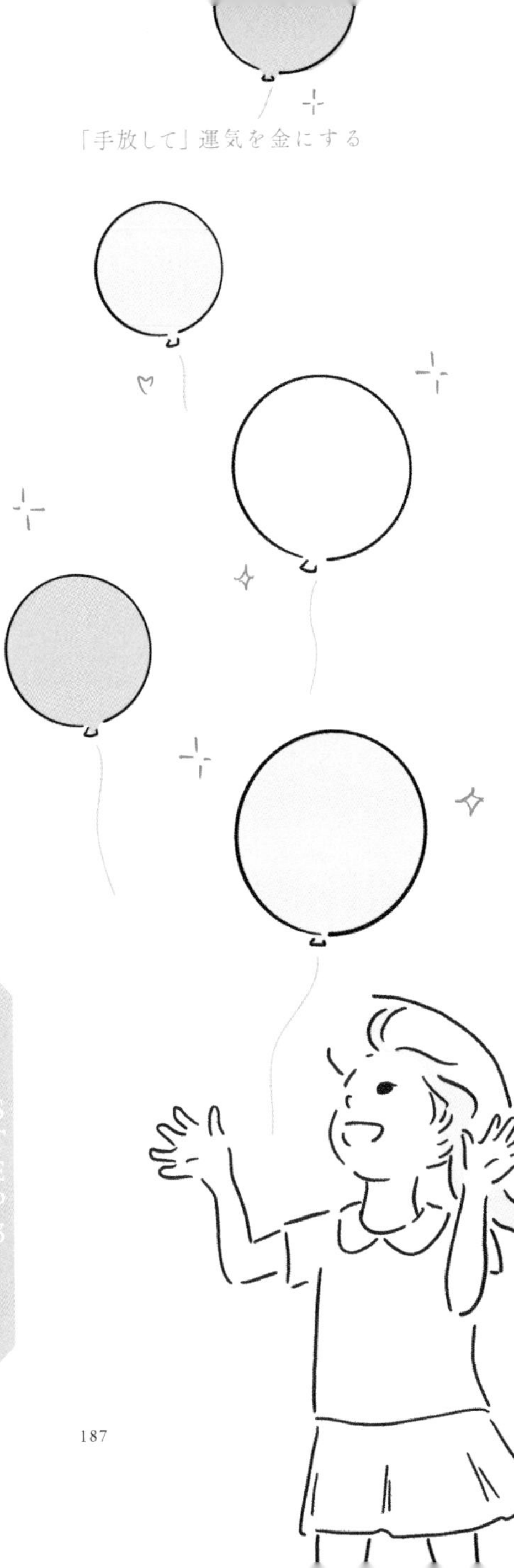

幸せ上手さんの「お楽しみ」

CHECK 1
運気の「金」度診断

CHECK 2
いまのあなたに「必要なモノ」

磨いて、整えて、運気を金にするコツ——
もしかしたらすでに実践していること、
「これならすぐに取り入れられそう！」とワクワクしたこと、
さまざまだったと思います。

さぁ、ここからは恒例のお楽しみコーナー。
リラックスして、心のままに、進めていきましょう！

CHECK 1

運気の「金」度診断

目次ページ（12〜19ページ）を開いてください。「すでに実践している・半年以内に実践する予定」の項目にチェックをつけましょう。その数で、あなたの運気の「金」度がわかります。

☑ チェックの数が0〜10個のあなた　「金」度　0％

いまのあなたの運気はまだ磨かれていない原石そのもの。

だからこそ、大丈夫。少し磨けば、驚くほど輝き始め、どんどん変化していくことができます。この本を手に取って、ここまで読んでくださったあなたですから、きっと「なんだそんな簡単なことだったんだ」「いまからでもできる！」などと、心を躍らせているに違いありません。そう時間がかからず一気に金になる素質は十分です。

☑ チェックの数が11〜25個のあなた　「金」度　30％

不純物が取り除かれた状態。どんな輝きを放っていくかはあなたしだい。

できることには気を配り、自分なりにがんばってもいる。だけど、それを周りが認めてくれなかったり、誰も褒めてくれなかったり、感謝されなかったりする中で虚《むな》しさが大きくなっているかもしれません。大丈夫、自信を持ってください。そしてあきらめないで。あなたのがんばりは必ず近い将来大きな「金」をもたらすでしょう。

チェックの数が26～43個のあなた　「金」度　50%

あなたの運気はブロンズ。

ときめきときらめきをバランス良く持ち合わせ、自分の幸せだけじゃなく周りの幸せも考えられるあなた。ただ、もしかしたら、もっともっとできるはずなのに、意識的にブレーキをかけているのかもしれません。「でも」「だって」「ま、いっか」「あとでいいや」が口癖になっていませんか？　あなたの人生はもっと輝きます。大丈夫、のびしろは十分ありますよ。今からがスタートです。

☑チェックの数が44〜79個のあなた　「金」度　80%

あなたの運気はシルバー。

素晴らしい。磨いて、整った、運気で満ちています。そしてあなた自身がそれを十分に感じているはず。そうはいっても、何かが足りない。でもそれが何かわからない――言葉にはしてこなくとも、きっとそんな感覚があったかもしれません。もう大丈夫。やるべきことがわかったあなたには、目の前の「金」が手を伸ばせば届く位置に。

✓チェックの数が80個以上　「金」度100％

あなたの運気はゴールド。毎日が光り輝いているでしょう。

磨いて整えたときめき、きらめきのおかげで、あなたにもあなたの周りにも笑顔が絶えず、いつも気持ち良い空気が流れているはず。今作でお伝えした〝幸せになれるコツ〟は、あなたの中ではすでに習慣、癖になっているものばかりでしたね。良いことはもっと良くなります。金はもっともっと輝きます。自分を信じてパワフルな金の運気をどんどん引き寄せてください。

CHECK 2

いまのあなたに「必要なモノ」

次のページのデザインを覚えていますか？

1

2

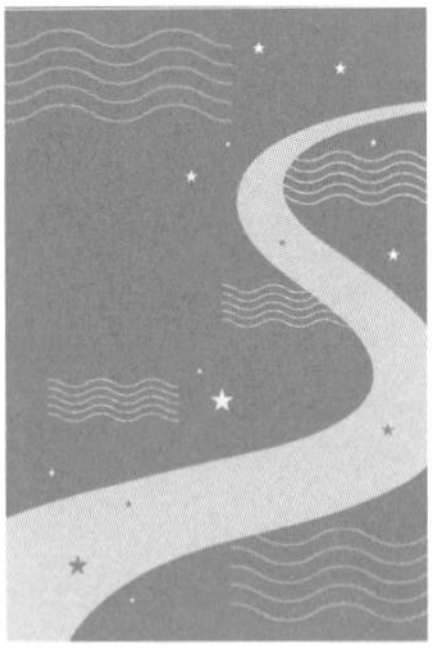

4

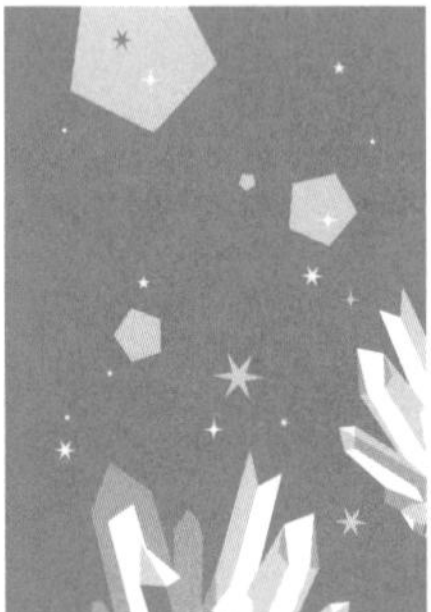

5

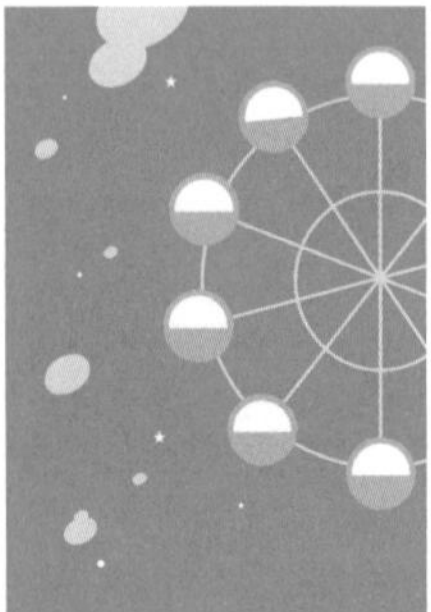

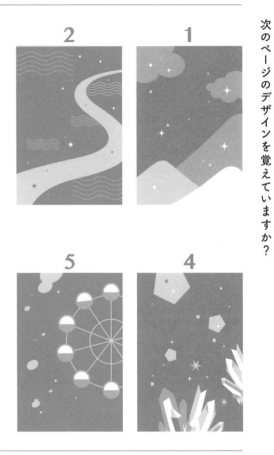

3

6

この6枚のイラストの中であなたがいちばん気になるのはどれですか？
選んだイラストで、あなたが運気を金にするために必要なもの、ラッキーアクション、ラッキーフード、ラッキーアイテムがわかります。

1 「雄大な山」を選んだあなた

いまのあなたに必要なものは「リラックス」。気付いていないかもしれませんが、緊張状態が続いていています。がんばり屋さんで優しいあなたのことですから自分のことはついつい後回しになっているのかも。「雄大な山」はリラックスの象徴。ぜひ日常生活で〝癒し〟を意識してみると良いでしょう。リビングに新しい観葉植物をお迎えしたり、お花を飾ったり、オフィスのデスクに小さなサボテンを置いてみたり。緑を感じるスポットで、太陽の光、緑の息吹、空気の流れを身体で感じると吉。

ラッキーアクション 森林浴　キャンプ

ラッキーフード フルーツ　梅干し

ラッキーアイテム 花　観葉植物　箸置き

2 「どこまでも続く道」を選んだあなた

いまのあなたに必要なものは「バランス」。

人生という長い「道」にいるあなた。落とし穴や回り道などの〝来た道〟を振り返り、先が見えない未来に不安を感じていませんか？　いまは一見元気ですが、思い切って心と身体の栄養を補給すべきタイミングです。本当のあなたはバランス感覚十分で、あえて道くさしたり、ひと休みしたりしながら、道なき道を楽しんできたはず。そんな童心を思い出すためにも早寝早起きをして旬のものをいただいたり、バランスの良い食事を心がけて健康第一に。

ラッキーアクション　スキンケアを変える　ウォーキング

ラッキーフード　蕎麦　スイーツ

ラッキーアイテム　スマホケース　パジャマ　ルームソックス　スニーカー

3 「キャンプファイヤー」を選んだあなた

いまのあなたに必要なものは「愛情」。

十分愛されているはずなのに、それに気付かず寂しさや虚しさを感じることが多いのではないでしょうか。もしかしたらあなたの愛情のバケツには穴が空いているかもしれません。まずは周りを見渡して素敵な人を探してみて。身近な人や有名人、漫画やアニメのキャラクターでもＯＫ。あなた自身が誰かに愛情を感じ、心にエネルギーチャージできたら、もう大丈夫。自分を認めて、もっと褒めてあげてくださいね。

ラッキーアクション　温泉に行く　香水や部屋の匂いを変える

ラッキーフード　鍋料理　みそ汁

ラッキーアイテム　鈴　水晶のブレスレット　マグカップ

4 「キラキラしたストーン」を選んだあなた

いまのあなたに必要なものは「つながり」。
学校、職場、家族とのコミュニケーションがうまくいっていない可能性があります。「そんなつもりじゃなかったのに」などと勘違いがあったり、イライラしたり、時に衝突したり。「言わなくてもわかる」との思い込みはいったん手放して。大丈夫。怖がらないで。自分らしさを大切にしながら、丁寧に向き合えば、温かく、深い縁が続くでしょう。

ラッキーアクション　午前中に南東を掃除する　髪型を変える

ラッキーフード　パスタ　ラーメン

ラッキーアイテム　腕時計　帽子

5 「観覧車」を選んだあなた

いまのあなたに必要なものは「新しい風」。

希望という名の燃料で、願いを叶えようと準備万端です。ワクワク、ときめく気持ちも十分ですが、それでも心の奥底では「本当に大丈夫かな?」と不安な気持ちが湧き上がっているかもしれません。背中を押してくれるのは新しい習慣、出会い、もの。すでにあなたはゆっくり風に乗り、動いています。「がんばらなくちゃ」と焦らなくても、自由気ままに飛んでいけるでしょう。

ラッキーアクション　小旅行　語学の勉強

ラッキーフード　エスニック料理

ラッキーアイテム　揺れるピアス　左手にゴールドのブレスレット　メガネ

6 「泳ぐ熱帯魚」を選んだあなた

いまのあなたに必要なものは「時間」。

少し無理しすぎているかもしれません。みんなに好かれようと、相手の都合に合わせてしまい、自分の「したいこと」「しなければいけないこと」を見失っている可能性もあるでしょう。まずは深呼吸を3回してみてください。そのあとは、Ｔｏ ｄｏリストを作るのも吉。心を楽に、自分らしさを大切に。あなたの価値観、体験してきた過去は、あなたをちゃんと成長させています。立ち止まっても大丈夫。自分と向き合う時間を大切に。

ラッキーアクション 午前中に寝室をキレイにする　口角を上げる

ラッキーフード シーフード　塩にぎり

ラッキーアイテム お財布　キーケース　石けん

おわりに

『運気を金にする　幸せ上手さん習慣ＧＯＬＤ』、
お楽しみいただけましたでしょうか。

いまが願っていた未来ではなかったとしても大丈夫。
この本を読み終わったあなたなら、まだまだ良い変化を感じられます。

「なぜ自分だけ？」と苦しみ、悲しみで前に進めずにいたとしても
光はちゃんと舞い降りています。

あなたはあなたのままでいい。ただ少しだけ角度を変えれば
ゆっくりと見える景色が変わっていき、ちゃんと光に気が付けます。

人生に決めつけはありません。
災いは回避し、苦しみは手放すことができる。

私はそう信じています。
この本をぱっと開けば、あなたは金のエネルギーに包まれていく。
ワクワクしたり、ときめいたり、元気が湧いてきたり、癒されたり。
今日からあなたのお守りに。

元気いっぱいの日も、何だか気持ちが落ち込む日も、
ひとりで静かに過ごす日も、泣いたり、笑ったり、怒ったり、悲しい日も――
あなたの成功のために、
そして幸せになるための〝キッカケ〟となれたなら幸いです。
あなたの毎日に天のエネルギー、星のエネルギー、金エネルギーを。
人生により多くの笑顔があふれるように願って。

2023年9月吉日

星ひとみ

著者

星 ひ と み

ほし・ひとみ

★ ★ ★

占い師。巫女の血筋を持つ家系に生まれる。東洋占星術や統計学、心理学などをもとにしたオリジナル運勢鑑定法「天星術」の開祖である。生まれながらの力と経験による知識から導き出す鑑定は圧倒的な的中率で人気を集め、各界に多くのファンを持つ。著書に『幸せ上手さん習慣』（小学館）、『星ひとみの天星術超図鑑』（小学館）、『星ひとみの天星術』（幻冬舎）など。小学館『Cheese!』にて『星ひとみ「天星術」占い』好評連載中。

星ひとみ Instagram

@hoshi_hitomi722

星ひとみ事務局 Instagram

@hoshi_hitomi_staff

StarEyes×YAMASAN

https://stareyes.buyshop.jp

運気を金《GOLD》にする
幸せ上手さん習慣 GOLD ★★★

2023年10月22日　初版第1刷発行

著　者　星ひとみ
発行人　吉田憲生
発行所　株式会社　小学館
〒101-8001　東京都千代田区一ツ橋2-3-1
TEL03-3230-5487［編集］　03-5281-3555［販売］

DTP　株式会社昭和ブライト
印刷所　図書印刷株式会社
製本所　株式会社若林製本工場

校閲　小学館出版クォリティーセンター

企画協力　中込圭介（株式会社Gオフィス）
Star Eyes

販　売　根來大策
宣　伝　阿部慶輔
制　作　松田貴志子
資　材　斉藤陽子
編　集　水主智子
編集協力　辻本幸路
イラスト　pyol
装　丁　sa-ya design
デザイン　杉浦優
sa-ya design
（P1、P20-23、P94-97、P142-145）

　ISBN 978-4-09-311552-0